Baphomet Magie

Walter Jantschik

Baphomet Magie

Neuauflage 2021
veröffentlicht bei Esoterischer Verlag,
eine Marke der Sentovision GmbH, Basel

www.synergia-verlag.ch

Umschlaggestaltung, Gestaltung und Satz: FontFront.com, Rossdorf
Printed in EU

ISBN: 978-3-932928-14-7

Bibliografische Information der Deutschen Bibliothek
Die Deutsche Bibliothek verzeichnet diese Publikation in der deutschen Nationalbibliographie;
detaillierte bibliografische Daten sind im Internet unter http://dnb.ddb.de abrufbar.

Inhaltsverzeichnis

Einführung

Mit dem vorliegenden Werk will ich den Lesern eine Einführung in die okkulten Gebiete und Disziplinen der magischen Gedankenschöpfungen, der Baphomet-Magie, der Golem-Magie und der magischen Anrufungspraxis geben.

Über die in diesem Buch angeführten Themen gibt es nur wenig Literatur und Hinweise in der okkulten Literatur, deshalb war es mir ein dringendes Anliegen, auf diese interessanten magischen Gebiete näher einzugehen und Aufklärung zu schaffen.

Der Leser/in wird einiges über die magische Evokation des Golem, die Golem-Messe und den Golem-Egregor erfahren; u.a. auch wann der Golem wieder in dem Zimmer der Alchemistengasse in Prag erscheinen wird etc.

Außerdem erfährt der Leser/in einige interessante Hinweise, wie ein magischer Egregor aufgebaut ist, eine Egregor-Evokation wird geschildert und vieles mehr. Danach werden Wege zur magisch-dämonischen Einweihung aufgezeigt. Im Anschluß daran wird zum erstenmal die magische Anrufung der dämonischen Wesenheit Lilith dargestellt. Zum Abschluß schildere ich ein Verfahren zur Herstellung und Anwendung einer magischen Sigillenmaschine.

Möge dieses Werk in die richtigen Hände gelangen und zu weiteren Forschungen diesbezüglich Anlaß geben!

Walter Jantschik

Magische Gedankenschöpfungen

Jedes Geschöpf und jeder Organismus im Weltall ist nur ein Gottesgedanke, der in der sichtbaren Welt zur Offenbarung gekommen ist. Dieser Gedanke ist eine Selbstvorstellung Gottes und die Anzahl dieser Selbstvorstellungen ist ebenso groß wie die Unendlichkeit. Diese Gottesgedanken, die unsterblichen Seelen, existieren von Ewigkeit her, und Gott erkennt sich ewig selbst in ihnen, in jeder einzelnen Seele. Aber die Einzelseele erkennt dieses nicht, sie ist sich ihrer Göttlichkeit nicht so bewußt; sie muß erst den Weg der Erfahrung beschreiten. Zu diesem Zweck muß sie in das Reich der Täuschung, in die materielle Welt hinabsteigen, und auf dem Weg des Irrtums zur Erkenntnis der Wahrheit gelangen.

Niemand kann wissen, was die Wahrheit ist, wenn er nicht weiß, was Irrtum ist. Wenn aber der Mensch weiß, was falsch ist, dann erkennt er die Wahrheit von selbst. So durchläuft die Seele alle Grade der Entwicklung, vom Mineralreich an, durch das Pflanzen- und Tierreich hindurch bis zum Menschen. Aber im Menschen kommt das Göttliche erst zum Ausdruck. Obwohl es noch nicht vollkommen in ihm offenbar geworden ist, so leuchtet es doch als Vernunft und Denkfähigkeit in ihm.

Der Mensch ist im wahren Sinne des Wortes, das Ebenbild Gottes; denn in ihm ist das ganze Weltall widergespiegelt. Der Mensch ist das ganze Weltall im Kleinen, Mikrokosmos genannt. Alles was im Weltall zu finden ist, ist im Menschen vorhanden, der Schöpfer und die Schöpfung. Den göttlichen Allgeist, den Allwissenden und Allmächtigen finden wir in uns als den göttlichen Funken, der das höhere Ich repräsentiert. Die sieben magischen Sphären oder Bewußtseinsreiche im Weltall sind im Menschen dargestellt, als die sieben Körper, die sich gegenseitig durchdringen.

Aber die höheren Drei, die unsterbliche Wesenheit im Menschen stellen den dreieinigen Gott dar, den Vater, Sohn und Geist, oder mit anderen Worten: Erkenner, Erkanntes und den Geist der Erkenntnis. Aber alle drei in einem und untrennbar, denn Gott erkennt sich ewig selbst; beim Menschen soll es erst so werden.

Die vier niederen Körper stellen die niederen Sphären im Kosmos dar. So ist der Mensch bis aufs genaueste nach dem Makrokosmos geschaffen, sogar der sichtbare Körper; er stellt das sichtbare Weltall dar. Er besteht aus den vier Elementen: Feuer, Wasser, Erde und Luft. Aber nicht nur dies, sondern er ist ein genaues Ebenbild unseres Sonnensystems. Das Herz ist das Symbol der Sonne. So wie das Herz des Menschen in regelmäßigen Pulsschlägen das Blut durch den Körper sendet, erwärmt und belebt, so sendet die Sonne unaufhaltsam Wärme und Lebenskraft in das Weltall hinaus. Nur dauert ein Pulsschlag der Sonne etwa neun Jahre und der des menschlichen Herzens eine Sekunde.

Das Gehirn ist das Symbol des Mondes. So wie der Mond das Sonnenlicht reflektiert, so ist das Gehirn auch nur eine sekundäre Lebensquelle. Es empfängt all seine Kraft vom Herzen. Aber auch geistig aufgefaßt ist der Mond das Symbol des Gehirnverstandes. Der Gehirnverstand hat wie der Mond ein reflektiertes Licht und ist irreführend, wenn man sich auf ihn allein verläßt, wenn nicht auch die Sonne, das Wissen, das von Herzen kommt zum Tragen kommt. Aber ebenso wie Nachts der Mond scheint und die Sonne nicht, so arbeitet beim Menschen des Nachts während des Schlafes das Gehirn allein, ohne viel Vernunft. Es bringt gewöhnlich nur unzusammenhängende Träume und Hirngespinste zum Vorschein. Diese sind ebenso trügerisch wie das Mondlicht. Aber auch die anderen Planeten sind im menschlichen Körper vertreten. Derselbe ist in seinen Hauptorganen nach demselben Prinzip geordnet wie sie. Wer die Schriften der Mystiker des Mittelalters studiert, der wird darin viele diesbezügliche Hinweise finden.

Gott, als das denkende Prinzip im Weltall ist im Menschen repräsentiert als der Denkkörper oder Manas. So, wie die unendliche Anzahl der Geschöpfe im Weltall die verkörperten Gedanken Gottes sind, so schafft auch der Mensch fortwährend Gedankenformen und Gedankengebilde, die in der Astralsphäre zum Ausdruck kommen. Jeder Gedanke des Menschen nimmt eine solche Form an, die seinem Inhalt entspricht.

Der Mensch hat allerdings noch nicht die Wissenschaft erlangt, daß er diese Gedankenformen für das gewöhnliche Sehvermögen sichtbar machen kann, wie dies bei Gott der Fall ist. Der Mensch wird erst dann diese Fähigkeit erlangen, wenn er selbst göttlich geworden ist.

Wohl existieren die menschlichen Gedanken in der Astralsphäre. Diese Tatsache mag manchem als unmöglich erscheinen; wer aber die Gesetze der Formation und Gedankenbildung kennt, dem wird die Sache selbstverständlich werden.

Jeder Vorgang im Weltall setzt eine gewisse Stoffart in Schwingung und so benötigt auch jede Tätigkeit Stoff und Materie, und sei derselbe noch so wenig wahrnehmbar, sei er fest, flüssig, gasförmig, ätherisch oder von noch feinerer Art. Selbst die Geistestätigkeit, das Denken benötigt Stoff und ohne Stoff ist keine Tätigkeit denkbar. Sicher wird jeder begreifen, daß das materielle Gehirn nicht denken kann, sonst hätte man schon längst eine Denkmaschine erfunden, oder es gäbe zufällige chemische Prozesse, die Gedanken erzeugen. Das Gehirn ist nicht der Denkstoff, sondern der unsichtbare Denkkörper denkt. Das Gehirn ist nur der Apparat, um die Gedanken mit der Außenwelt in Berührung zu bringen. Es ist da, um Gedanken in Handlungen umzugestalten, und umgekehrt die Erfahrungen der Sinne dem Gedankenkörper zu übermitteln. Aber ebenso wie eine vibrierende Glocke die sie umgebende Luft in Schwingung versetzt, so wird durch die Vibration des Denkens, der uns rings umgebende Astralstoff fortwährend in Schwingungen gesetzt, und auf diesem Wege geschieht auch die Gedankenübertragung. So, wie es Schallwellen gibt, so gibt es Gedankenwellen.

Ein Gedanke ist dasselbe wie ein Ton, nur eben in einer höheren Sphäre. Aber es ist der Wissenschaft schon lange bekannt, daß die Schallwellen in der Luft alle möglichen Figuren hervorrufen, die eine große Verschiedenheit aufweisen. Die Gestalt derselben hängt von der Art und dem Charakter der Töne ab. Solche Figuren sind auch schon fotografiert worden. Hellsehende berichten übereinstimmend, daß der Mensch durch seine Gedanken fortwährend Gedankenbilder in der Astralsphäre hervorruft, die in ihrer Form genau dem Charakter und Inhalt der Gedanken entsprechen. Diese Gedankenformen werden Elementale genannt. So bevölkert der Mensch seine Umwelt mit den Kindern seiner Gedanken.

Haßgedanken werden zu einer fürchterlichen Gestalt, tierische nehmen Tiergestalt an, gute und edle Gedanken, werden zu Lichtgestalten. Aber diese Gedankenbilder verklingen nicht so leicht wie Töne. Ihre Dauer hängt von der Stärke des Willens ab, mit dem sie ins Leben gerufen wurden.

Warum sollen uns diese Dinge so unmöglich erscheinen, wenn wir bedenken, daß jede Form, jedes Geschöpf ja jeder Mensch ein verkörpertes Gedankenbild des Universalgeistes ist!

Das Astralmeer, das uns umgibt, reagiert auf die leiseste Gedankentätigkeit. Jeder Gedanke, wenn er vom Willen beseelt wird, wirbelt diesen Stoff mächtig auf und sucht in ihm Ausdruck, ähnlich, wie der Charakter und der Seelenzustand eines Menschen sich fortwährend in seinen Gesichtszügen, seiner Haltung usw. auszudrücken streben, ja diese mit der Zeit ganz umformen kann, also den Stoff direkt beherrscht und gestaltet.

Nach der materialistischen Weltanschauung müßte diese Tatsache auf die Weise erklärt werden, daß ein Mensch deshalb ein Gauner wird, weil ihm nach und nach ein gaunerhaftes Gesicht wächst. Wohl dem, der sich damit abfinden kann.

Aber in den unsichtbaren Reichen geschehen diese Formationen mit einer Geschwindigkeit, wie sie der Materialist nicht begreifen kann. Flüchtige Gedanken verursachen nur eine vorübergehende Störung, die sogleich wieder verschwindet. Aber intensive, lang anhaltende Gedanken schaffen Formen von längerer Dauer. Und Gedanken, die ständig wiederholt werden, verursachen das ständige Dasein dieser Elementale. Sie werden durch neue Gedanken derselben Richtung immer wieder gestärkt. Sie hängen dem Menschen ständig an, und er schleppt sie mit sich, wohin er auch geht. Sie lassen ihn nicht mehr los, sie wirken auf ihren Erzeuger ein und er ernährt sie. Sie wirken aber auch auf andere Menschen und ein feinfühliger Mensch kann ihr Dasein spüren, wenn er sie auch nicht sieht.

Die Gegenwart eines niedrig gesinnten Menschen berührt uns unangenehm, seine ganze Umgebung ist peinlich, man weiß nicht warum. Das Gefühl der Sympathie und Antipathie gegenüber anderen Menschen wird nur durch die Gedankensphäre derselben, durch die ihnen eigenen Elementale hervorgerufen. Wenn ein solches Elemental eines Menschen immer wieder genährt wird, durch gleiche Gedanken, das ganze Leben hindurch, wenn alle Gedanken des Menschen auf einem Steckenpferde reiten, so kann es schließlich ganz die Herrschaft über ihn gewinnen, und man sagt dann „er hat eine fixe Idee“.

Wenn ein Mensch von einer fixen Idee beherrscht wird, so ist es für ihn sehr schwer, sich wieder loszureißen. Bei ihm sind alle Gedankenbilder in eins zusammengeflossen. Es besteht auf Kosten aller anderen. Daraus ergibt sich auch die Einseitigkeit, die manche Menschen in ihren Ansichten haben, wovon sie nicht lassen können, sondern von ihnen beherrscht werden. Und so kann es vorkommen, daß ein Materialist selbst von den Geistern beherrscht wird, deren Existenz er nicht für möglich halten kann. Aber jeder Mensch hat solche Anhängsel, die einen Teil seines eigenen Bewußtseins ausmachen. Es sind die falschen Ich‘s und er verwechselt sich selbst mit ihnen. Einmal gewinnt dieses, zum andermal jenes die Oberhand in ihm; und das eigene, wahre Ich wird einmal auf diese, das andere mal auf jene Seite geschoben. Ja, diese Geister, die Elementale können sogar ganz Besitz von einem Menschen ergreifen und das eigene Ich hinausdrücken. Dies ist der Irrsinn.

Die schlimmsten Elementale sind die der Furcht, des Zorns, der Sinnlichkeit, des Aberglaubens und des Geizes. Wenn ein Mensch feiger Natur ist, und fortwährend Gedanken der Furcht hegt, was besonders bei einem Geizhals vorkommt; so können diese Gedankenformen zu einem dauernden Elemental oder Elementar zusammenfließen, das immer stärker und stärker wird, schließlich von seinem Erzeuger Besitz ergreift und sein eigenes Ich verdrängt. Dann sagt man: er hat einen Verfolgungswahn. Etwas anderes ist es bei einem Menschen der eine Gehirnverletzung erleidet oder Geistesgestört wird. Hier wird das Ich nicht durch eine andere Macht verdrängt, sondern er kann sich eben in Ermangelung eines normalen Gehirnes auf der körperlichen Ebene nicht vollständig offenbaren.

Beim gewöhnlichen Menschen sind die Elementale mehr oder weniger stark; sie nehmen nur vorübergehend von ihm Besitz und entkräften mit seinem Einverständnis das eigene Ich. Wenn zum Beispiel jemand zornig wird, dann tut er nicht, was er will, sondern was seine Elementale wollen und man sagt: „Er kann sich nicht beherrschen". Wenn sich jemand einer Leidenschaft hingibt, dann ist er das Opfer seiner Elementale. Man sagt deshalb: „Er ist der Sklave seiner Leidenschaft".

Diese Gedankenformen wirken auch auf andere Menschen ein. In ihnen liegt manchmal eine große Energie, wenn sie durch einen starken Willen oder Wunsch erzeugt werden. Böse Gedanken werden zu nachteiligen Dämonen, gute zu Schutzengeln. Sie wirken auf empfängliche Gemüter ein und beeinflussen sie unbewußt. So kann ein Gebet für jemand unter Umständen sehr heilbringend sein, wenn es aus vollem Herzen geschieht. Andererseits kann ein Fluch oder eine böse Absicht nachteilig wirken. Auf diese Art erklären sich teilweise auch die geistigen Heilweisen.

Die Elementale, mit denen jeder Mensch behaftet ist, wechseln fortwährend. Wenn die Gedankenrichtung eines Menschen eine andere wird, dann lösen sich die alten auf und es bilden sich neue. Sie haben kein eigenes Leben, sondern nur ein entlehntes. Aber auch der Mensch selber besitzt nur ein entlehntes Leben und ist nur vorübergehendes Elemental, wenn die unsterbliche Stimme Gottes nicht mehr in ihm gehört wird. Solange aber das Göttliche noch in ihm glimmt, solange der Mensch noch auf die Stimme des Unendlichen in sich hört, können die Elementale nicht zur Übermacht in ihm kommen. Noch mehr – wenn der Mensch fortwährend an das Ewige, Erhabene, Göttliche denkt, an die Wirklichkeit, welches sein eigenes höheres Ich ist, dann identifiziert er sich nicht mehr mit den Elementalen, sondern mit sich selber und mit Gott, denn dem wahren Menschen liegt Gott zu Grunde. Dann gewinnt das Gottesbewußtsein in ihm die Herrschaft. Der Mensch ist dann nicht von Elementalen, sondern von Gott besessen. Aber dann lösen sich alle Elementale, die falschen Ichs, auf und geben ihre Kraft zurück. Natürlich darf dieses höhere Ich nicht mit dem niederen verwechselt werden. Wenn das niedere hochgehalten wird, so kann dies nicht zur Erleuchtung, sondern höchstens zum Größenwahn führen. Der Mensch kann sich nicht selbst erleuchten, sondern er muß sein Herz dem höheren Lichte öffnen.

Ein Baphometist oder Adept hat keine Elementale mehr, er ist selbst der Herr in seinem Hause geworden. Er kann aber auch Gedankenbilder schaffen, wenn er will, sogar in sichtbarer Form. Bei ihm geschehen diese Vorgänge alle mit Bewußtsein, beim gewöhnlichen Menschen unbewußt. Der Mensch soll aber gegen diese selbstgeschaffenen Kräfte kämpfen. Denn diese haben die Eigenschaft, daß sie ihr Scheinleben zu erhalten suchen; in ihnen liegt ein Teil von unserem eigenen Bewußtsein, und unsere Gedanken ernähren sie. Wenn sich deshalb ein Mensch eine Untugend abgewöhnen will, dann wird es ihm oft sehr schwer fallen, die Versuchung wird immer stärker an ihn herantreten und der Kampf beginnt. Zuerst hat er eine Weile Ruhe, aber dann wird die Versuchung stärker als zuvor.

Die Elementale und Dämonen haben einen Selbsterhaltungstrieb. Die Gedanken sind ihre Nahrung, und wenn sie stark geworden sind, dann zwingen sie und zur Tat.

Wir können am besten durch Gedankenbeherrschung gegen sie ankämpfen. Wir müssen ihnen die Gedankennahrung entziehen. Sie müssen nach und nach absterben, wenn wir alle niedrigen Gedanken zurückhalten. Aber der einzige Weg zu einer erfolgreichen Beherrschung besteht darin, daß wir uns fortwährend, bei jeder Arbeit, bei allem, was wir tun und beabsichtigen, an unseren wahren Lebenszweck erinnern, an das überaus glorreiche Ziel, das vor uns liegt: „Die Erhebung des Bewußtseins über die materielle Ebene, ununterbrochene Glückseeligkeit“. Dann werden wir mit Leichtigkeit den Dämonen und Elementalen widerstehen.

Sie werden nach und nach immer schwächer und schwächer werden, aber der Kämpfende immer stärker und zur unsterblichen Freiheit gelangen.

Die Elementale sind die einzigen Feinde, welche die Menschheit hat, die sie bekämpfen muß. Jeder Einzelne sollte sich gegen seine eigenen Elementale wenden, gegen sie ankämpfen, anstatt gegen seine Mitmenschen. Sie sind jene Feinde, wovon der mit Gott vereinigte David singt: „Alle meine Feinde legst du zum Schemel meiner Füße“ und wovon die alten Propheten sagten: „Die Tiere müssen auf dem Altar des Herrn geopfert werden“.

Über den Golem – Sepher Ha Schem

„Der große Brockhaus gibt über den Golem folgende Definition: „Golem (hebr.), ungestaltete Masse (im A.T. nur Ps. 139/138,16 wahrscheinlich als verderbte Lesart). Nach der jüdischen Mystik (Kabbala) hat der Mensch der den geheimnisvollen Namen Gottes von 72 Buchstaben kennt, die Macht, einen Golem aus Lehm auf Zeiten zu beleben und so einen künstlichen Menschen zu schaffen. Diese Gabe wurde seit dem 13. Jahrhundert verschiedenen Rabbinern nachgesagt, so dem Hohen Rabbi Löw in Prag (1520 – 1609). Der Sagenstoff (verwandtes Motiv Goethes Homunculus) wurde in der Literatur seit Jacob Grimm (1808) häufig verarbeitet; am bekanntesten der Roman von Gustav Meyrink: Der Golem (1916).“

Die Golem-Problematik, also die Golem-Erschaffung, ist bis zum heutigen Tage von den Esoterikern noch nicht gelöst worden. Es gibt natürlich verschiedene magisch-mystische Ansätze, Licht in diese Problematik zu bringen. Der Vorgänger des Menschen ist der in Malkuth/Assia durch Gott geschaffene Golem. Der Mensch befindet sich heute noch in einer „vorgolemischen Phase“, die noch immer nicht abgeschlossen ist. Der Golem-Mensch befindet sich laut kabbalistischer Lehre immer noch in der Malkuth-Ebene. Sein Ziel ist es: Aziluth (En-Soph-Aur) zu erreichen – einzugehen in die vier Machtvollkommenheiten Gottes. Ist dieses Ziel erreicht, hat der Golem seine Vollendung und wahre Bestimmung erklommen. Der Schatten des Menschen ist sein „Golem“. Der Mensch muß alle vier kabbalistischen Welten – von Assiah bis Aziluth – durchwandern, um seinen geistigen Schatten, den Golem zu erlösen. Hier findet dann auch die mystisch-chymische Hochzeit mit dem magischen Golem statt und die Unio mit der Gottheit. Der kabbalistische Adept bringt durch die magischen Verwandlungen der Erde mittels eines Influxus des hebräischen Alphabets den Golem hervor. Die magische Vorstufe zur Erschaffung des Adam ist die mystische Golem-Kreation.

Das Leben des Golem wird durch die Erde schlechthin in Verbindung mit dem Aleph präsentiert. Der Golem ist selber geformte Erde der Assiah oder auch geformtes „Blut". Die magische Flüssigkeit, die der amorphen Masse Leben einhaucht. Der Golem zieht seine Wachstumskraft aus der magischen Essenz von Aleph. Der Golem wird integral durch das SCHEM HA MEPHORASCH oder durch die 72 Genien der Merkursphäre aktiviert und belebt. Insbesondere wird der Golem durch den Schem, einer belebenden Kraft in Aktion gesetzt. Dieser Schem ist eine sowohl im Talmud wie in der Kabbala vielgenannte Buchstabenformel. Der in diesem Schem eingeschriebene mystische Gottesname JHVH als seine eigentlich belebende Kraft wird in der neuesten Terminologie der Kabbala auch der vierpolige Magnet oder der Tetragrammatonische Schlüssel, auch Verwirklichungsschlüssel genannt.

Diesen Schem also jenen Pergamentstreifen, auf dem Gottes Wesen, genannt wird, nahm der Rabbi und legte ihn in die Hirnschale seines Tonbildes, das dann auch gleich, nach der Berührung mit dem Schem zu leben beginnt.

Hier möchte ich die authentischen Äußerungen des Rabbi Löw aus dem „Nifloeth-MhrL" beifügen:

1. Bei der Erschaffung des Golem drängten sich zwei Geister heran, daß er (Rabbi Löw) durch sie den Golem beleben sollte: der Geist des Dämons Josef und der des Dämons Jonatan. Es wurde der Geist des ersteren gewählt, weil dieser schon zur Zeit der Talmudweisen den Juden in bedrängten Tagen Hilfe erwiesen hatte. Auch war Jonatan ein Wesen, das keine Geheimnisse wahren konnte.

2. Ebenso wie der Geist des Dämons Josef in den Golem „wanderte" und durch ihn den Tikun, die Wiederbelebung, gefunden hat, so werden alle Geister der im Buche Sohar erwähnten

„Juden-Dämone“ mehrmalige Wanderung durchmachen und zuletzt die Wiederbelebung erreichen, indem sie den Juden in der Verbannung in Zeiten der Bedrängnis mit Dämonen-Wundern Hilfe erweisen werden.

3. Rechtlich ist der Golem frei von der Erfüllung der Gebote und Verbote, sogar von jenen, zu deren Beachtung die Frau und der Knecht verpflichtet sind.

4. Es findet sich im Golem keine Spur von gutem oder bösem Trieb und alle seine Handlungen sind nur wie die einer automatischen Maschine, die den Willen ihres Erzeugers erfüllt.

5. Der Golem mußte stumm bleiben, weil er als unvollkommener unwürdig war, daß die Neschamah, das Licht Gottes, ihm innewohne. Er war nur von Nefesch und Ruach belebt.

6. Es konnte dem Golem kaum ein kleines Maß von Intelligenz, Daat (Erkenntnis) verliehen werden. Mit den beiden anderen Intelligenzen, Chochmah (Weisheit) und Binah (Einsicht), konnte er nicht ausgestattet werden, weil, wie gesagt, in seinem Wesen keine Neschamah wohnte.

7. Wenn auch der Golem die Stufe Neschamah nicht erreichte, merkte man doch am Sabbat eine Veränderung und eine Erleuchtung auf seinem Antlitz. Heißt es doch im Sohar, daß am Sabbat die „Spannungen“ (schlitat hadinim) der Wochentage aufhören, denn der Sabbat ist das Symbol des Weltlichtes, dessen Strahlen in alle Welten mit Wucht sich ergießen und alle Wesen berühren.

8. Der Golem mußte ohne Geschlechtstrieb geschaffen werden; hätte er diesen Trieb gehabt, wäre keine Frau vor ihm sicher gewesen.

9. Der Golem war nie krank, weil er von jedem Trieb zum Bösen unberührt war.

10. Der Mensch unterliegt der Wahl seines eigenen Triebes, des „guten“ und des „bösen“, und vermag daher jene geheimen Dinge, die außerhalb der offenbarten Wirklichkeit liegen, nicht zu schauen. Der Golem aber, der, wie vorerwähnt, keinen Trieb hatte, konnte gleich den Tieren und Vögeln, Dämonen und Geistern alle geheimen Dinge sehen.

11. Man weiß, daß im Garten Eden 24 Gattungen von Wohlgerüchen vorhanden sind, welche alle Arten von Heilmitteln enthalten. Und diese Düfte sind die Triebkräfte der verschiedenen heilbringenden Kräuter und Mineralien. Jede Stunde entströmt ein anderer guter Duft, der die Weltatmosphäre säubert und die Menschen vor dem Einatmen schädlicher, wurmiger Luft bewahrt. Den Augenblick des „Duftausströmens“ kann der Mensch nur nach vollkommener Entwerdung und Abtun alles Körperlichen erfassen, so wäre keine Krankheit in der Welt. Der Golem, der durch den Geist geschaffen war und bei dem das Körperliche ja nur eine äußerliche Hülle war, empfand diesen Augenblick, er fing die Düfte auf und konnte von keiner Krankheit überwältigt werden.

12. Der Golem hat einen Anteil an dem ewigen Leben und wird am Ende aller Geschlechter auferstehen, aber in einer ganz anderen Gestalt.

13. Das Verbot, den Boden der Altneusynagoge zu besteigen, gilt nicht für den Nachfolger und Nachfolger-Nachfolger des Rabbi Löw auf dem Prager Rabbinerstuhl. Dieser darf das zerstörte Werk, die Golemgestalt, nur anschauen, nicht aber irgendwelche Handlungen als Belebungsversuch unternehmen.

14. Der Golem durfte nicht zur Minjan gezählt werden.

15. Das Buch Jezirah selbst tut der Erschaffung eines Golem oder eines sonstigen lebendigen Wesens mit keinem Worte Erwähnung. Man muß erst aus den Buchstaben heraus die in ihnen verborgenen Strahlen auffangen können, durch welche man einem, leblosen Körper Leben zu geben vermag. Dazu muß man aber nicht nur ein Gelehrter, sondern auch ein Gerechter, ein Zadik, sein. Der größte Meister im Buche Jezirah war Bezalel, von dem es heißt: „Und Gott erfüllte ihn mit Weisheit, Verstand, Erkenntnis und aller Kunstfertigkeit". Mit Hilfe des Buches Jezirah hatte er alle Arbeiten am Heiligtum ausführen können."

Diese Ausführungen Rabbi Löws bedeuten zweifellos eine Bereicherung der Grundlagen unseres Problems.

Methoden zur Erschaffung eines Golem

Die geschichtliche Überlieferung nach Rabbi Löw

Der geschichtlichen Überlieferung zur Folge wurde der Golem von Rabbi Löw und zwei seiner Lieblingsschüler Rabbi Sasson und Rabbi Jitzach an jenem Tage, dem 20. Adar 1580 erschaffen. Zu jener Zeit trieb der fanatische Geistliche Taddäus sein Unwesen in Prag. Taddäus setzte alles daran, eine Blutanklage gegen die Prager Juden mit Erfolg durchzusetzen. Rabbi Löw erfuhr rechtzeitig davon und richtete eine Traumfrage „nach oben", wie er gegen diesen Feind vorzugehen hätte. Aus dem Himmel erhielt er folgende alphabetische geordnete Anwort:

אתה ברא גולם דבוק החומר ותגזור זדים חבל טורפי ישראל

Übersetzt lautete diese Antwort:
„Ata Bra Golem Dewuk Hachomer W'tigzar Zedim Chewel Torfe Israel." „Du schaffe einen Golem aus Lehm und du vernichtest das gemeine Judenfressergesindel." Diese zehn Worte legte Rabbi Löw nach den im Buch Jezirah zugrunde liegenden Zirufim, der Verschmelzung der Worte, so aus, daß er die Überzeugung gewann, mit den ihm vom Himmel eröffneten Buchstabenzahlen einen lebenden Körper aus Lehm erschaffen zu können.

Rabbi Löw sprach:
„Ich will einen Golem schaffen und beanspruche eure Mitarbeit (Rabbi Sasson und Rabbi Jitzach). Denn zu dieser Arbeit/Schöpfung sind die vier Elemente notwendig: Esch, Majim, Ruach, Aphar also Feuer, Wasser, Luft und Erde.
Du Jitzach bist das Element Feuer, du Jakob bist das Element Wasser, ich selbst bin Luft, wir werden miteinander aus dem vierten Element den Golem schaffen."
Zuerst mußten sich beide durch tiefe, ernste Buße heiligen und reinigen, um zum großen Werk der Schöpfung vorbereitet zu sein. Am zweiten Tag des Monats Adar begaben sich die drei

Männer nach Mitternacht in die Mikwa, das rituelle Tauchbad der Juden, tauchten diesmal in besonderer Andacht unter, gingen dann wortlos nach Hause, wo sie Chazot, die Mitternachtsklage um Jerusalem, verrichteten und die dazu gehörigen Psalmen mit höchster Andacht beteten. Sie nahmen dann das Buch Jezirah hervor, aus dem Rabbi Löw einige Kapitel vorlas. Schließlich begaben sie sich vor die Stadt zum Ufer der Moldau. Dort suchten sie nach einer Lehmstelle und machten sich sogleich an die Arbeit.

Bei Fackelschein und unter Rezitation von Psalmen begann die Arbeit in fiebernder Eile. Sie formten aus Lehm die Gestalt eines Menschen in der Länge von drei Ellen mit allen Gliedern. Und der Golem lag vor ihnen mit dem Antlitz zum Himmel. Die drei Männer stellten sich dann zu seinen Füßen, so daß sie ihm genau ins Gesicht schauen konnten. Nun befahl Rabbi Löw dem Rabbi Jitzach, sieben Rundgänge, von rechts beginnend, um den Lehmkörper zu machen, wobei er ihm die Zirufim anvertraute, die er dabei zu sprechen hatte.

Der Lehmkörper war jetzt feuerrot, denn der Rabbi Jitzach verkörperte das Element Feuer. Rabbi Löw befahl nun dem Rabbi Sasson, ebenso viele Rundgänge, von links beginnend zu machen und gab auch ihm die für sein Element bestimmten Zirufim. Als dieser seine Arbeit beendet hatte, erlosch die Feuerröte und es strömte Wasser in den Lehmkörper; es sprossen Haare auf dem Haupte und Nägel an den Fingern und an den Zehen. Nun machte Rabbi Löw selbst seinen Rundgang um den Lehmkörper, legte ihm einen auf Pergament geschriebenen Schem in den Mund, und nach Osten und Westen, Süden und Norden sich verneigend, sprachen sie alle drei gleichzeitig die Worte: „Und er blies ihm den lebendigen Odem in seine Nase und also ward der Mensch ein lebendiges Wesen.“ Und die drei Elemente Feuer, Wasser und Luft bewirkten, daß das vierte Element lebendig wurde.

Der Golem öffnete die Augen und schaute wie staunend um sich. Und Rabbi Löw sprach zu ihm: „Stehe auf deinen Beinen!“ Und er stand auf. Dann bekleideten sie ihn mit den Gewändern eines Schames und er ward bald wie ein gewöhnlicher Mensch. Allein es fehlte ihm das Sprachvermögen. Denn jene dem Rabbi Löw vom Himmel anvertrauten Worte hatten für die Zirufim, nach welchen er dem Golem das Sprachvermögen zu geben vermocht hätte, nicht genügend Kraft. Und das war sogar von Vorteil. Gott weiß, was geschehen könnte, wenn ein Golem noch das Sprachvermögen hätte!

Bei Tagesanbruch gingen vier Männer nach Hause. Unterwegs sprach Rabbi Löw zum Golem also: „Wisse, daß wir dich aus einem Lehmkloß geformt haben. Deine Aufgabe wird es sein, die Juden vor Verfolgungen zu schützen, du wirst Josef genannt werden und wirst in der Rabbinatsstube nachten. Du Josef sollst meine Befehle befolgen, wann und wohin immer ich dich schicken werde; in Feuer und Wasser, und wenn ich dir befehle, vom Dache zu springen, und wenn ich dich auf den Meeresgrund schicke,“ Josef nickte mit dem Kopf, machte Bewegungen als Zeichen der Bejahung.

Zu Hause erzähle Rabbi Löw, er habe den stummen Fremdling auf der Straße angetroffen, und da er mit ihm Mitleid habe, nehme er ihn als Rabbinatsdiener auf. Er verbot jedoch seinen Hausleuten, sich des Golem zu Privatzwecken zu bedienen. Im Talmud heißt es: „Ein Gefäß, welches man zu heiligen Zwecken benützte, soll nicht wieder zu profanen Dingen verwendet werden.“

Die Vernichtung des Golem

Es war im Jahre 1593. Der Rabbi Löw befahl dem Golem, diese Nacht nicht in der Rabbinatsstube zu schlafen, sondern sein Bett auf den Dachboden der Altneusynagoge zu tragen und dort zu nächtigen. Das ging im geheimen vor sich, da es um Mitternacht war. Als es zwei Uhr Nachts war, erschienen bei Rabbi Löw Rabbi Jitzach und Rabbi Sasson. Sie bestiegen alle den Dachboden der Altneusynagoge. Der Diener Abraham Chajim ging voran mit zwei brennenden Kerzen. Die Vernichtung des Golem begann.

Grundsätzlich taten sie alles umgekehrt wie bei dessen Schöpfung. Hatten sie sich bei der Schöpfung zu Füßen des Golem gegenüber dem Kopfe gestellt, so standen sie nun zu seinem Haupte gegenüber den Füßen. Auch die Worte aus dem „Buche der Schöpfung" wurden rückwärts gelesen. Nach diesen Prozeduren erstarrte der Golem wieder zu einem Lehmkloß, wie er es vor seiner Belebung gewesen war.

Rabbi Löw rief den Diener, nahm von ihm die Kerzen und befahl ihm, den Golem bis auf das Hemd zu entkleiden. Er wurde sodann mit alten Gebetsmänteln und Resten von hebräischen Büchern, die nach jüdischer Gepflogenheit auf dem Synagogendachboden aufbewahrt wurden, zugedeckt. Die Kleider des Golems wurden unauffällig verbrannt. Des Morgens erfuhr man in der Judengasse, Josef Golem sei nachts aus der Stadt entwichen. Nur einzelne Leute, „Männer hoher Stufe", wußten die Wahrheit. Rabbi Löw ließ in allen Synagogen und Bethäusern ein strenges Verbot kundmachen, den Dachboden der Altsynagoge zu besteigen. Die Überreste von Büchern und anderen heiligen Dingen durften dort nicht mehr aufbewahrt werden.

Die Erscheinung des Golems

Der Legende zufolge soll der Golem alle 33 Jahre im jüdischen Ghetto in der Prager Judengasse in einem Zimmer ohne Zugang erscheinen. Der Golem erscheint in diesem Zimmer am nördlichen Fenster. Die nächste Erscheinung des Golem findet im Jahre 2019 statt. Kabbala-Eingeweihte und gnostische Magier können dann zu dieser Zeit den Golem evozieren; ihn also in ihre Dienste zwingen. Es wird auch erzählt, der Rabbi Löw, der Maharal hat den Zugang zum Dachgeschoß verboten, weil in Wirklichkeit der Golem noch lebt. Und er wartet darauf, von wahren Quabbalisten evoziert zu werden. Das genaue Evokations-Ritual ist noch geheim.

Alle 33 Jahre findet ein magischer Evolutionszyklus und Regenerations-Moment statt, so daß der Golem dann automatisch die magische Kraft besitzt, sich sichtbar am Fenster nur eingeweihten Personen magisch zu zeigen.

Die rituelle Modellierung oder die nekromantische Methode

Diese Form der rituellen Modellierung ist eine fortgeschrittene Technik der praktischen Talismanologie. Der ideal modellierte Talisman für eine nekromantische Art, wäre ein menschliches Skelett als Vorrichtung, damit der modellierte Körper aus einer Mixtur von Lehm, Stearin, Wachs etc. eine fundamentale Basis erhält.

Der erste Schritt ist die sichere Aufstellung des Skeletts. Es sollte stabil genug sein, um die rituelle Modellierung zu gestalten. Das Skelett wird nun aufgerichtet, um mit den Modellierungsarbeiten beginnen zu können. Das beste Material wäre reiner Lehm, Wachs und Stearin. Wenn die Modellierung beendet ist, muß die Golem-Figur einige Tage trocknen. Nun wird der Golem eingekleidet.

Die Kleider sollten vorher mit Alkohol getränkt werden, um eine Art magischen Kondensator zu gestalten. Die Kleider sollten nun ca. eine Woche getrocknet werden. Der Golem soll seinen eigenen Ausdruck finden und sich sukzessive entwickeln.

Die magische Golem-Belebung

Schaue auf den Golem in Richtung Westen. Salbe nun den Golem mit einigen Essenzen von Jasmin und einigen Blutstropfen von dir. Reibe den Golem damit ein, beispielsweise den Kopf, Herz und Hände. Bringe nun die Räucherung oder Räucherpfanne und stelle sie vor den Golem. Räuchere jetzt deinen Kopf und spreche folgendes:

„Ich rufe die Kräfte des Westens im Namen Gabriel.“ Gehe um die Statue herum, während du sie ständig betrachtest. Zum Norden gewandt sprich: „Ich rufe dich in diese Form, welche aus Erde gemacht ist im Namen von Uriel.“ Zum Osten gewandt: „Ich gebe dir Kraft im Namen von Raphael.“ Erhebe das Schwert über deinen Kopf und sage: „Und mit Michael’s Schwert influenziere ich diese Form mit dem Geist von Azrael, Engel des Todes (oder einen anderen Geist, den man sich wünscht).

Lösche jetzt die Kerzen aus. Sitze in absoluter Dunkelheit und visualisiere, wie die Figur sich zu bewegen beginnt. Höre jeden Klang, der von der Figur ausgeht. Es muß absolute Ruhe herrschen! Der ganze Belebungsprozeß kann einige Tage dauern. Es ist vorteilhaft, den Golem in einer dunklen Ecke des Zimmers, wo du schläfst zu halten. Dieser geschaffene Golem ist kein Idol. Er muß nicht angebetet werden. Er ist vielmehr ein rein geschaffenes imaginatives Bild. Mit der Zeit wird der Golem sämtliche emotionalen Energien absorbieren, von denjenigen, die in seine Nähe kommen. Schließlich wird der Golem zu einem sehr wirkungsvollen Talisman.

Die magisch-kabbalistische Kreation eines Golem

Hier soll nun die magisch-kabbalistische Kreation eines Golems geschildert werden. Auf einem Stück weißen Papiers im Format DIN A3 zeichnen Sie einen Kreis und in seine Mitte ein Viereck, welches die vier Elemente in ihrem positiven Aspekt bezeichnet.

Der Kreis stellt die allumfassende Gottheit dar. In die Mitte des Vierecks zeichnen Sie das Symbol des Golem. Dieselbe Zeichnung gravieren Sie in einen runden Gegenstand, am besten auf eine Kupferplatte mit 20 cm Durchmesser. Die große Zeichnung wird auch der große Kylkhor, die kleine Gravierung, als der kleine Kylkhor bezeichnet.

Die magische Belebungsmethode Ha Qabala Baphometa

Das Elektronische Muster

Ein Logenraum mit den vier Farben der vier Elemente. Auf dem Altar, der sich in der Mitte des Logenraumes befindet, schwebt über dem Kelch eine goldene Kugel, ihre Aura strahlt weiße Lichtstrahlen aus.

Priester: „Introibo ad altare die nostri Baphometi !
Hoher Baphomet und Höchster Gott der Golem-Kreation – GOLEMI – gewähre mir Kraft und Weisheit, meine Arbeit im Sinne der höheren Hierarchie durchzuführen."

Priester: (Macht das Sigillum der Qabala Baphometa.)

GOL

Priester: „Im Namen der „sigillischen Konfiguration“ ziehe Ich, Hohepriester CIT der Golem-Hierarchie, dieKräfte der Merkursphäre – des Schem Ha Phorasch,die 72 Kraftstoffe in die geschaffene Abbildung des Kylkhors. So sei es !
(Der Priester nimmt die Kupferplatte in seine Hände,hebt sie hoch und spricht dreimal konzentriert denNamen in die Kupferplatte.)

Opfertorium

Priester: (Wein und Hostie werden dem Golem-Gott geopfert. Der Priester umschreitet den magischen Kreis dreimal von rechts nach links und intoniert dabei das Golem-Mantra: URUMUM. Dadurch wird die innere elektromagnetische Dynamide in der Abbildung aktiviert.)

Priester: „Ich, Hohepriester CIT des Ordo Baphometis, opfere Dir Höchster Gott des Ur-Golem die transzendentalen Speisen von Wein und Hostie. Hilf mir das große Werk zu vollenden.“

Opus Magnum

Priester: (Der Priester legt die Golem-Abbildung vor sich auf den Altar. Aus dem Universum projiziert er das Erdelement in die Figur und verdichtet somit die mentalastrale Form.)

Die Formalmagische Integrierung der 72 Urkräfte des Schem in die Golem-Figur

Priester: (Der Priester umschreitet von rechts nach links die Figur und intoniert magisch die 72 Kraftworte in das Abbild.)

„Im Namen des Gottes des Ur-Golem werde ich Dich mit den 72 Kraftworten und Schalen des kristallinen Schem umgeben und gleichzeitig beleben!"

Die 72 Kraftstoff-Worte des Schem lauten:

JHVH, Aydi, Schiba, Alla, Toth, Abgd, Dodo, Moti, Agzi, Sipi, Deus, Zeus, Boog, Dios, Idio, Dieu, Goth, Boog, Bogi, Tios, Bueg, Good, Dieh, Esar, Orsi, Agdi, Teos, Adad, Zimi, Tusa, Teli, Anot, Agad, Aneb, Anup, Alla, Abda, Agla, Goot, Goed, Gudi, Biud, Solu, Bosa, Hoba, Piur, Kana, Zaca, Mora, Pola, Bila, Abag, Obra, Bora, Alai, Illi, Popa, Para, Ella, Gena, Sila, Suna, Miri, Alli, Tara, Pora, Bogo, Deos, Deos, Aris, Zeut, Kalo.

Dankgebet an den Ur-Gott

Priester: „Gott des Ur-Golem, ich danke Dir für die Hilfe und Unterstützung dieses großen und geheimen Werkes. Ich sende Dir meine Liebe und göttliche Anbetung, Auf das Du mich ewig beschützest und mir Deine Gnade gewährst. So sei es!"

Golem und Baphomet

Der Golem und Baphomet sind zwei verschiedene Wesen. Allein essentiell betrachtet bestehen sie aus wesentlich anderen Grundsubstanzen. Der Golem ist aus der Grundsubstanz von Assiah durch den Rabbi Löw aus Prag zubereitet worden. Das Erdelement als die essentielle Aufbausubstanz der Assiah oder profunden Gestaltungswelt ist die Ebene der konkreten Aktionshandlungen in einer rein physischen Welt.

Der Golem kann sich nur mit der physischen Materie identifizieren als einer Wesenheit aus der Ur-Zeit. Sein Einflußbereich erfaßt auch nur die dialektische, also die grobstoffliche Welt. Die objektiv-konkrete Determination unter Ausschluß der geistig-seelischen Qualitäten ist Grundbedingung für eine plastisch zu präzipitierende Formgestaltung. Der Golem kann nur in einer elementaren Formenwelt sein Dasein gestalten und arbeiten. Denn, er ist von der geistigen Strukturwelt abgegrenzt. Ein Golem kann nur aus der elementar-grobstofflichen Formenwelt strukturiert werden. Die physische Welt ist eine Golemwelt. Gott selbst als Schöpfer dieser Welt hat die Grundelemente geschaffen, in der ein Golem wirken kann. Aus der amorphen Masse kann dann der Golem erschaffen werden.

Bezüglich des Bewegungsmechanismus muß von den mentalen Applikationen abstrahiert werden; denn die mentalen Mechanismen beziehen sich nur auf die Bewegungs-Motorik und deren Konstituierung in einer rein physischen Ebene. Die heutige Welt hat bereits einen hohen Grad der Golemisierung erreicht. Denn, je stärker der materielle Gedanke der Menschen im Bewußtsein vorherrscht, desto mächtiger wird die Golemisierung in Erscheinung treten. Die Transparenz der Materialität ist größer denn je. Der Golem kann als eine urarische Wesenheit dargestellt werden

Der Baphomet grenzt sich erheblich vom Golem ab. Der Unterschied besteht in der essentiellen Substanzierung der mikro-kosmischen Ebene. Der Baphomet präsentiert körperlich die Mannigfaltigkeit des Lebens. Sein körperliches Spektrum reicht von Assiah bis Aziluth. Er integriert in seinen Machtbereich alle vier Elemente essentiell. Ein wesentlicher Unterschied zum Golem ist seine Transmutationsfähigkeit. Er symbolisiert die zwei Universalkräfte im Universum, nämlich: das BA und das PHO. MET stellt den magischen Ausgleich, auch das Verbindungselement dar. Es wird auch das kabbalistische OR und OB genannt.

Der Baphomet wird erst zu der Wesenheit, die sie ist, indem der geistige Egregor an die Tetragrammatonität magisch gebunden wird. Seine wahre Wesenheit oder Daseins-Realität erfährt der Baphomet erst durch eine Dreifach-Integrierung: Geist + Seele + Körper. Durch die magische Verbindung dieser drei Elemente erfährt der Baphomet seine volle magische Identität und mikrokosmische Wirksamkeit auf allen drei Ebenen.

Das Golem-Ritual

Elektronisches Muster:

Eine unterirdische Höhle, in der um einen roten Altar 13 Magiere stehen. Auf dem Altar befinden sich 12 schwarzviolette Kerzen.

(In einer magischen Versenkung zieht der Magus in seinem Operationsraum den magischen Kreis in dreifacher Versiegelung.)

Anrufung der Golem-Gottheit

Magus: „Im Namen meiner höchsten göttlichen Autorität rufe ich Dich an, mir in meinen magischen Operationen behilflich zu sein und zum Gelingen der Kreation beizutragen! Ich danke Dir!"

Pentagramm-Anrufung

Magus: (Der Magus zieht mit der rechten Hand das magische Pentagramm.)

„Als Magus der magischen Immanenz und Tranzendenz, rufe ich Dich aus dem „Influxus-Universum" in die dreidimensionale Welt herab. Beschütze mich bei all meinen magischen Arbeiten und Verrichtungen.

Visualisierung der Farben

Magus: (Der Magus visualisiert die fünf Grundfarben in das Pentagramm.)

„Ich, Magus des heiligen Pentagramm, invoziere Euch, in das heilige Pentagramm einzufließen und Euch zu verdichten."

Opfertorium

(Opfergaben werden gebracht.)

Magus: „Ich, Magus des heiligen Tetragrammaton, opfere Dir das heilige Blut und das gnostische Brot. Nimm diese Opfergaben als einen wahren Liebesdienst meiner treuen Ergebenheit Dir gegenüber an!"

Die magischen Influxen aus dem Golemreich

(Der Magus versetzt sich mental in die gnostischen Influxen des Golemreich.)

Magus: „Aufgrund meiner magischen Autorität versetze ich mich in Euren Bereich der influxalen Magie. Ich rufe Euch herab in das magische Feld der physischen Materie. Ihr sollt Euch hier grobstofflich manifestieren!"

(Der Magus erteilt nun den vier Elementen den influxalen Segen des Golemreiches.)
Magus: „Im Namen des „Herrn des influxal-gnostischen Golemreiches", erteile ich Euch den vierfachen Segen!"

Aufladen der magischen Batterie

(Durch das magische Klopfzeichen wird der elektromagische Kraftstrom in die Batterie transponiert.)

Magus: (Der Magus macht das Sigillum der magischen Batterie.)

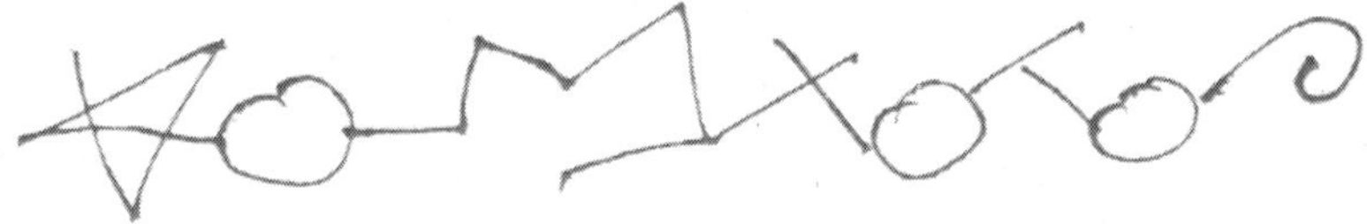

(Die Batterie bedeutet die gesamte Logen- und Ordenskonvokation oder kann auch eine einzelne Person darstellen, welche dieses Ritual zelebriert. Durch die Klopfzeichen, welche vom magischen Hammer ausgeführt werden, wird der elektromagnetische Influxus dieser Batterie drastisch verstärkt.)

Magus: „Die magisch-gnostischen Volte der Tempel-Batterie kristallisieren sich als immanente Elemente um das Golem-Feld, in welchem der amorphe Golem erstehen soll. Gott und Golem unterstütze mich bei dieser geheimen und heiligen Prozedur und erleuchte mein Magus-Bewußtsein! Ich danke Dir!“

Die Invokation der Assistenz-Genien

Magus: „Hört mich!, Ihr Assistenz-Genien aus dem Ur-Reich der Golem-Konfiguration, ich rufe Euch an, herabzuzusteigen aus Eurer Sphäre und mir beim Opus Magnum hilfreich zur Seite zu stehen. Aruel, Mamiel, Fogur, Zimonios und Bleismal antwortet mir auf meinen Anruf. Der große SCHEM steht auf meiner Seite und ich bin bereit, die lebensspendenden Influxen in die Golem-Figur zu projizieren."

Die magische Räucherung

(Räucherung und Salz werden auf den Altar gestellt.)

Magus: „Mögen diese Essenzen der Räucherung die pleromatischen und astralen Sphären erreichen und eine reinigende und präzipitierende Wirkung haben. Die Essenzen steigen ebenso hinab in die submalkuthischen Ebenen und Regionen der physischen Ebene wo die Lebensfluide und –Volte aktiviert werden."

Magus: „Möge das merkurielle Salz meinen heiligen Tempel-Raum von allen niederen und bösartigen Geistern reinigen, um den mago-hermetischen Golem ins Leben rufen zu können. So sei es!"

Das Opus Hermeticum Golemicum

(Auf dem magisch-hermetischen Altar befindet sich die Golem-Figur aus Lehm zubereitet.)

Magus: „Im Namen meiner höheren plutonischen Gottform trete ich in den mago-codierten Kreis der mikrokosmischen Präzipitation und der Gnoso-Urformen. Mit dem dreifachen magischen Bewußtsein rufe ich die gnostischen Influxen in der Körper der Lehmfigur und blase ihr mit dem malkuthischen Schem den Odem der Ur-Gottheit ein! Lebe! Lebe! Lebe! Das Opus Hermeticum Golemicum ist vollbracht! So sei es!“

Der Mago-gnostische Segen

Magus: „Ich Frater Magus des Ordo Baphometis, erteile allen Wesen, Genien und Intelligenzen aller Sphären, Ebenen und der grobstofflichen Welt den magisch-gnostischen Segen! So sei es!“

Der Golem-Egregor

Über diesen Egregor ist bis jetzt in den okkulten Wissenschaften noch nichts erforscht worden. Deshalb will ich in dieser okkulten Abhandlung den Lesern einige meiner neuesten Forschungen mitteilen. Es handelt sich hier um eines der tiefsten magischen und von Eingeweihten bestgehütesten Geheimnisse. Denn, wer den Golem-Egregor magisch beherrscht, hat einen Zugang zu okkulten Kräften, welche einem Uneingeweihten unvorstellbar vorkommen würden.

Über astrales Sehen und durch Mentalprojektionen ist es mir gelungen, Kontakt zu dem Golem-Egregor aufzunehmen. Wie jeder Magier weiß, muß der Egregor einer jeden magischen Gruppe oder Loge regelmäßig aufgeladen werden, soll er nicht ganz erlöschen. Der Golem-Egregor wird automatisch von den „qliphotischen Schalen" magisch aufgeladen. In ihnen ist der Lebensodem integriert, d.h.: bei der damaligen Auflösung des Golem durch Rabbi Löw wurden die „Schem-Partikel" in einen gnostischen Kylkhor des Schem-Ha-Phorasch gesammelt. Sie befinden sich bis heute noch in diesem geheimen magisch-kabbalistischen „Schem-Kylkhor". Er ist unsichtbar hinter den 72 Kraftstoff-Schlüsseln verborgen. Nur in die hohe Kabbala eingeweihte Personen haben Zugang zu diesen geheimen Schlüsseln.

Diese 72 Kraftstoff-Konfigurationen oder Spin-Spiralen drehen sich permanent um diese gnostische Helix, und so kann der Egregor ständig erhalten bleiben. Über diesen Egregor ist auch eine kabbalistische Belebung oder magische Auferstehung des Golem wieder möglich. Wie schon erwähnt, gehört diese Thematik zu den geheimsten Kapiteln der Kabbala und Magie.

Die Golem-Evokation

Der Golem kann als eine magische Entität evoziert werden. Die mental-astrale Form des Golem schwingt auch nach dessen Zerstörung noch weiter auf der Mental- und Astralebene.

Elektronisches Muster

13 Golem-Wesen zelebrieren in einer Kapelle um einen roten Altar eine magische Messe. Über der Mitte das Altars schwebt eine schwarzviolette Kugel, die rotes Licht ausstrahlt.

Die magische Reinigung

Bevor der Magus mit der magischen Evokation beginnt, reinigt er sich körperlich durch ein warmes Bad. Die geistig-seelische Reinigung geschieht durch Anrufung der „violetten Flamme". Der Magus imaginiert wie eine violette Flamme seinen geistig-seelischen Körper durchdringt und reinigt. Mit der violetten Flamme kann auch der Tempelraum von allen negativen Schwingungen gereinigt werden.

Der magische „Mantel des Geistes"

Beim Ankleiden des schwarzen Logenmantels stellt sich der Magus vor, daß er in den „Mantel des Geistes" eingehüllt ist und somit geistig-seelisch unangreifbar wird. Auf der linken Brustseite des Logenmantels ist das Symbol von Pluto eingestickt. Auf der rechten Brustseite ist eine Astralglyphe eingenäht.

Die Ziehung des magischen Kreises

Der Magus zieht in seinem Tempelraum in Trance einen dreifachen magischen Kreis. Außerhalb des Dreifach-Kreises werden vier schwarze Kerzen aufgestellt. Die Räucherung besteht aus einem Gemisch von Stechapfel, Tollkirsche und Haselnuß (Anmerkung des Verlags: Achtung Stechapfel und Tollkirsche sind halluzinatorisch-giftige Gewächse und ihre Anwendung ist gefährlich und kann auch gesetzlich geahndet werden; Versuche mit diesen Drogen sollten vermieden werden).

In die Kreiszwischenräume werden folgende Sigille gezeichnet:

Die Annahme der magischen Gottform

Der Magus nimmt die Gottform des Ur-Golem an Im Tiefenpunkt, also dem Solarplexus, ruft er direkt aus dem Akasha die Gottform des Ur-Golem herbei und verbindet sich magisch-mystisch mit ihr. Der Magus muß derart mit dieser Gottheit verschmelzen und Einswerden, daß sie direkt auf allen drei Ebenen zum Ausdruck gebracht wird. Er muß sich als Gott fühlen.

Der magische Stab

Der magische Stab wird aus einer Haselnußstaude hergestellt. Der Stab wird mit Blut und Sperma imprägniert und mit Prana aufgeladen. Er muß eine Art Akku werden, welcher die magischen Ströme aus dem Universum heranzieht. Der magische Stab ist ein Empfänger und Sender von magischen Kräften.

Das magische Dreieck als Materialisationsstelle

Das magische Dreieck wird nun vom Magus mit dem astralen Erdelement aufgeladen, damit sich die Golem-Wesenheit darin manifestieren kann.

Das Materialisations-Sigillum

Die magische Anrufungsformel

Magus: HO ARCHON DO MINTONZIS FANUM DE SOZIMS MURAMON HE ZIS PINOM ARGON HA LOM BUMAM ZOGIS MILOMA CURTIMOM HA FORLAG DE NEM!

(Erscheint der Golem astral oder auch sichtbar, kann nun der Magus seine Wünsche äußern. Die Verständigung geschieht telepathisch. Man kann auch eigene Rufungsformeln mit dem Golem vereinbaren etc.)

Die Entlassung des Golem

Magus: „Ich danke Dir Golem, daß Du hier in meinem magischen Tempel erschienen bist, und mir bereitwillig Auskunft erteilt hast. Kehre nun in Dein Reich zurück. So sei es!“

Die Golem-Messe

Introitus

Priester: „Introibo ad altare Dei nostri Golemus.“
(Der Priester macht das Sigillum der Golem-Messe.)

Apolytikum

Priester: (Schaut zum Tempel, in dem sich ein Golem-Abbild befindet.)

„Durch Dein archaisches Ausströmen der Ur-Materien in unsere grobstoffliche Welt hast Du die Unfruchtbarkeit dieser Erde begrenzt. Du bist ein gnostischer Leuchter geworden für die ganze Welt, der durch Wunder strahlt.“

Räucherritual

Priester: (Der Tempelraum wird beräuchert.)

„Im Namen des höchsten Gottes Golemus bringe ich Dir geheiligte Essenzen Deines Reiches dar.“

Weisheit erleuchte mich !
Erkenntnis belebe mich !
Liebe führe mich !

Kathisma-Prosomoion

Priester: „Da Du Dich mit dem grundlegenden Element dieser Welt ausdrücklich verbunden hast, obwohl Du auch Anteil an den spirituellen Elementen des Universums hast, bist Du erschienen als der Ur-Adam in seinem ursprünglichen Gewande und dientest dem Ur-Gott der Golemologie. Lasse mich die amorphe Materie voll durchdringen und sie verstehen.“

Kontaktion

Priester: „Da Du Dein Leben in den urdämonischen Welten gut vollendet hast, bist Du zu einem okkulten Gefäß dieser malkuthischen Ebene geworden. Erleuchte mich im Sinne der rein elementaren Evolution.Ich danke Dir !“

Oikos

Priester: „Der Du bist gesegnet mit dem dämono-malkuthischen Geist, der aufgestiegen ist in die Höhe der dritten Sphäre elementarer Verdichtung, verherrlicht bist Du, undefinierbarer Ur-Gott des Golem. So sei es!“

Triadikon

Priester: „Licht ist der Vater, Licht sein Sohn, und der Geist ist Licht, der mit dem Vater ist und im Sohne bleibt und über die Schöpfung herrscht; denn allein herrscht die Dreiheit auch in der dreifach leuchtenden Gottheit. Sein elementares Licht strahlt dreifach durch die Gottheit!"

Automelon

Priester: „Du Gefäß wahrhaft magisch-dämonischer Werke, denn da Du das Kreuz auf die Schultern genommen hast, hast Du den niederen Sinn des Fleisches bezwungen. Möge der Welt das große Erbarmen geschenkt werden!"

Idiomelon

Priester: „O' Golem, Du hast mit Deinem lichten Leben klar wie die Sonne geglänzt und hast Dich der Welt durch Wunder offenbart, bitte für uns, die wir in Gefahr sind, warmherziger Beschützer!"

Consecratio

Priester: „Accipite, et manducate ex hoc omnes. Hoc est cerebrum meum!"
(Die Hostie wird empfangen.)
Accipite, et bibite ex eo omnes.
Hoc est cor meum!"

(Der Wein wird empfangen.)

Invocatio

Priester: „Domine Goleme: Invoco te (3 x Gong !)
Domine Goleme: Invoco te (3 x Gong !)
Domine Goleme: Invoco te (3 x Gong !)"

Zitation des achten Verses des Baph-Grimoire

Priester: „Golumbor He Siqum Forenem Dusbar Xalimvor Pur Zucum Hastipor De Los Memgum Ha Oler Zorpifor."

Rufung des Ur-Golem-Gottes

Priester: „Im Namen meiner mächtigen magischen ICH BIN-GEGENWART rufe ich Dich an, Gott des Ur-Golem, mich zu segnen und bei meinen zukünftigen magischen Arbeiten zu unterstützen. Ich danke Dir!"

Conclusio

Priester: „Benedicat vos omnipotens Deus Golemus. Nema ! Et verbum caro factum est, et habitavit in nobis; Et vidimus gloriam ejus, gloriam quasi unigenti a patre, plenum gratiae et veritatis. Nema !"

GOLOY ! GOLOY ! GOLOY !

Der magische Egregor

Horst E. Miers definiert in seinem „Lexikon des Geheimwissens" (erschienen im Goldmann-Verlag) „Egregore" folgendermaßen: „Egregore, Eggregore, Egregora (verschiedene Schreibungen); bei den Esoterikern der Name von Wesenheiten oder von Schöpfungen durch Gedanken, die nach unbekannten Gesetzen handeln. Egregor ist ein lebendes Wesen, das durch einen schöpferischen Gedanken geschaffen und durch Gedanken ernährt oder durch die Anhänger des Initialgedankens am Leben erhalten wird. Das Egregor stirbt, wenn die Ernährung ausbleibt, und jede Bewegung hört aus. Hierin liegt das Geheimnis der politischen, religiösen und esoterischen Bewegungen, die Jahrhunderte nach dem Erscheinen des ersten Impulses noch existieren. Es ist das Geheimnis der Kraft bestimmter Kulte, deren Götter-Egregoren seit Jahrhunderten tot sind, aber deren Schöpfungskraft des Egregor so stark war, daß sie am Leben blieben."

Kontaktaufnahme zum Egregor

Um mit einem magischen Egregor Kontakt aufzunehmen zieht es der Magus vor, über ein „photonisches Medium" die Verbindung zu realisieren. Denn die lunaren Photonen bilden die Grundlage für eine magische Verbindung und stehen kabbalistisch mit dem Yesod-Reich in energetischer Beziehung. Selbstverständlich gibt es verschiedene mago-gnostische Methoden, um mit einem magischen Egregor in Kontakt zu kommen. In dieser Abhandlung sollen nur einige Methoden thematisch skizziert werden, um den Lesern einen kurzen Einblick zu gewähren.

Die Methode Via Medium Photonis Lunea

Diese Methode gehört zu den neueren Methoden, welche besonders in der Evokations- und Sphärenmagie in Anwendung kommen.

Praxis

In tiefer Meditation ruft der Magus die lunaren Photonen in den magischen Raum. Ist eine gewisse photonische Dichte erreicht, versucht der Magus mit einem „magischen Egregor“ in Verbindung zu treten. Die energetische Konsistenz der lunaren Photonen ist eine ganz andere gegenüber den solaren oder plutonischen. Mit seinem magischen Bewußtseins-Scanner tastet der Magus einen Teil des astralen Äther-Spektrums ab und kann sich nun beliebig einem Egregor nähern und Kontakt knüpfen. Es gibt eine Unzahl von magischen Egregoren, welche sich zum Großteil auf der astral-ätherischen Ebene befinden. Diese Methode ist prädestiniert, um mit magischen Egregoren Kontakt aufzunehmen, die eine gewisse lunare Dichte aufweisen und mit einem hohen Grad an Emotionalität behaftet sind. Über einen magischen Egregor ist der Magus fähig, Wissen, Informationen und magische Kräfte aufzunehmen.

Die symbolische Methode

Bei der symbolischen Methode nimmt der Magus über ein Symbol Kontakt zu einem magische Egregor aus. Einige magische Symbole:

Praxis

Der Magus zeichnet das Symbol mit schwarzer Tusche auf Pergamentpapier und legt es vor sich hin. In tiefer Versenkung denkt er über Sinn und Inhalt des magischen Symbols nach. Nun versucht er telepathisch mit einem Egregor, welcher dieser Symbolik am nächsten kommt in Verbindung zu treten. Auch kann er das gewünschte Symbol in die Mentalsphäre projizieren um so eine magische Verbindung mit dem Egregor zu erhalten. Der Magus denke sich noch andere Variationen diesbezüglich aus.

Sigillen-Methode

Ähnlich der vorhergehenden arbeitet die Sigillen-Methode.

Praxis

Im magischen Kreis versetzt sich der Magus in Trance und ruft den gewünschten Egregor an, sich im mental zu offenbaren. Der Magus kann jeden Egregor einer Gruppe, Loge, Orden oder Organisation herbeizitieren und von ihm alles erfahren, was er zu wissen wünscht; oder er kann Kräfte vom Egregor übertragen bekommen.

Der Egregor ist ein magisches Sammelbecken, in dem sich das gesamte Wissen einer Gruppe, Loge oder Orden befindet. All dies kann der Magus in Erfahrung bringen. Es muß noch erwähnt werden, daß bei all diesen Methoden natürlich eine gewisse Reife Voraussetzung ist. Die Disziplinen wie: magische Konzentration, Imagination und Herbeiführen der gnostischen Trance sind unabdingbar!

Die evokative Methode

Dies ist eine sehr effektive magische Methode. Denn hier wird die gesamte egregorische Wissenschaft mit all ihrer Substantialität evoziert, also sichtbar gemacht. Der gesamte Wesenskomplex wird in das Materialisationsdreieck evoziert. Das magische Dreieck wird vorher vom Magus mit dem astralen Äther aufgefüllt. Dieser astrale Äther besteht aus den vier Elementen. Als universales Materialisations-Medium ist dies ein vorzügliches Mittel, mentale und astrale Wesen sichtbar zu machen. Der Magus kann sich vor der Evokation noch mit seiner persönlichen Gottheit identifizieren, um noch machtvoller wirken zu können. In dieser magischen Ausstattung muß der Egregor dem Magus sofort gehorchen und ihm zu Diensten sein.

Aufbau und Struktur eines magischen Egregors

Hier soll der Aufbau und die Struktur eines magischen Egregors kurz skizziert werden. Der Aufbau eines magischen Egregors z.B. einer gnostisch-hermetischen Loge/Orden besteht aus rein mental-astralen Ätherpartikeln, welche auf der mentalen Sphäre den Egregor aufbauen und ihm eine magische Basis verleihen und ihn stabilisieren.

Durch regelmäßige Aufladung durch die Loge oder Orden wird eine kontinuierliche Stabilität gewährleistet. Der Egregor kann verschiedene Strukturformen annehmen. Es kommt jeweils auf die Gruppe, Loge oder Orden an, die an einem Egregor-Aufbau beteiligt sind. Es gibt Egregore, die eine menschliche Gestalt besitzen. Wiederum gibt es Egregore, die Kristallformen annehmen. Es gibt Egregore, die mathematische Formen besitzen. Der Egregor des Ordo Baphometis z.B. hat die Form einer mathematischen Exponentialkurve, welche sich spiralförmig ins unendliche Kontinuum bewegt. Dieser baphometische Egregor deckt somit das gesamte kosmisch-magische Spektrum an magischen und dialektischem Wissen ab. Ebenso werden hierdurch die gesamten esoterischen Kräfte integriert.

Als Baphomet-Experte und Gelehrter, habe ich auf meinen magischen Exkursionen Egregore gesehen, die dinoide Formen angenommen haben, welche natürlich enorme magische Kräfte besessen haben. Ebenso habe ich Egregore gesehen, die halb Mensch und halb Dämon waren. Solche Mischwesen weisen großartige Fähigkeiten auf.

Erwähnt soll hier noch werden, daß es einen Egregor gibt, welcher halb Mensch und halb Roboter ist, und der sich permanent von rechts nach links in einer dunkelgrünen Flüssigkeit dreht. Von ihm gingen dämonische Vibrationen aus, die einen laserartigen Brechungsprozeß abgaben. Ich konnte folgende magische Strukturen bei Egregoren feststellen:

a) menschliche Strukturen
b) kristalline Strukturen
c) metaphysische Strukturen
d) hermetische Strukturen
e) mathematische Strukturen
f) Wissens-Strukturen
g) alchemistische-Strukturen
h) plurifunktionale Strukturen
i) Misch-Strukturen
j) Dämonische Strukturen
k) Amorphe Strukturen
l) Computer-Strukturen
m) Futuristische Strukturen.

Einführung in die hermetisch-gnostische Egregorik

Über den Begriff „Egregorik", der von mir erstmals in die hermetischen Wissenschaften eingeführt wurde, verstehe ich „die Wissenschaft von den gnostisch-magischen Energien, Strukturen, Gittern, metamathematischen Verbänden im gnostischen MAGICUM zur Formung und Verdichtung von astral-ätherischen Wesen durch eine Gruppe, Loge oder Orden".

Die Egregorik ist ein Teilbereich der hermetisch-gnostisch-magischen Lehren, die sich mit dem Verhalten und dem Aufbau von Egregoren beschäftigt. Walter F. Bonin definiert in seinem „Lexikon der Parapsychologie": „Egregore, auch Eggregore, Egregora (ital. vom lat. Eggressus) als das Herauskommen okkultistischer Vorstellung mittels durch bloße Gedanken erschaffene Wesenheiten. Die „Kraft" des Initialgedankens nährt sie und hält sie am Leben – unter Umständen Jahre über den Tod dessen hinaus, der sie dachte, d.h. „denkend schuf". Manche Autoren vergleichen die körperliche Beschaffenheit dieser Wesenheiten mit der des Astralleibs."

Die Egregorik gehört zu den hohen Wissenschaften der Geheimlehren und Arkanmystik von Geheimlogen. Es gibt verschiedene Arten der Egregorik. Wir beschäftigen uns hier insbesondere mit der hermetisch-gnostischen Egregorik. Unter „hermetischer Egregorik" versteht man die magische Methode und praktische Anwendung, astral-ätherischer Muster, nach bestimmten vorgeschriebenen Anweisungen der hermetischen Doktrin und strikten Observanz des magischen Geheim-Retreats, durch eine magische Loge zu präzipitieren, also kondensieren zu lassen.

„Gnostische Egregorik ist diejenige Methode, die gnostische Energien und Schwingungen aus dem kosmischen Pleroma und Kenoma auf der astral-ätherischen Ebene kondensieren läßt, wobei die „elektronischen Muster" im magischen Konklave der Loge gebildet werden. Hermetisch-gnostische Egregorik wird vor allem nur von magischen Logen unter der „strikten Observanz" des großen „Siebenstrahls" des Neuen Äons stehend, angewandt. Solche Logen erhalten natürlich aus der unsichtbaren Welt des „EGREGORIUMS" die erforderliche Hilfe zur Creatio von magischen Egregoren. Die wissenschaftliche Egregorik befaßt sich außerdem mit dem magischen Aufbau von metaphysischen Strukturen und metamathematischen Gittern und Mustern des Egregors und dem Verbund der sich manifestierenden mentalen Energien, sowie der Materialisierung und Dematerialisierung von mentalastralen Egregoren.

Aus den obigen Erkenntnissen wurde die metamathematische Universalformel der Egregoren-Bildung abgeleitet:

$$E_{h,g} = M \times G$$

E = Egregor
M = Logenmitglieder,
G = Gedankenkraft-Realisation
h = hermetische Komponente
g = gnostische Komponente

Ein Egregor ist eine magische Gedankenmanifestation einer Gruppe, Loge oder Orden, die ihre Energien aus einer Idee oder Vorstellung erhält.
Die wissenschaftliche Egregorik untersucht auch die harmonische Applizierung von Gedankenkräften und –inhalten auf die zu erschaffende Gedankenform, Egregor, Golem, Tulpa, Vudae, Automata und Computa. Sie legt präzise die magischen Grenzen

zwischen den einzelnen Egregor-Arten fest und bestimmt auch wissenschaftlich den hermetisch-gnostisch-magischen Gehalt und Wert der Egregor-Konsistenz.

Arten der Egregore

a) Egregore, die durch eine Loge, Orden oder Gruppe bewußt geschaffen wurden.

b) Egregoren, die unbewußt gebildet werden, die sich vielmehr automatisch bilden.

c) Egregore, die aus den interdimensionalen Ebenen und Sphären kommen.

d) Egregore, die sich aus ektoplasmatischer Materie bilden.

e) Egregore, die aus dem Voodun stammen und dem afro-atlantischen Bereich angehören.

f) Egregore, die aus dem interplanetarischen System evoziert werden.

g) Egregore, die aus dem Hyperraum stammen und selbst magische Logen und Orden schaffen.

h) Egregore, die automatisch in einen anderen Referenzrahmen wechseln

i) Egregore, die aus dem Anti-Universum kommen.

j) Egregore, welche aus der Zukunft stammen und futurische Phänomene schaffen.

k) Egregore, die holographische Situationen erschaffen.

l) Egregore, welche aus elektro-magnetischer Materie erschaffen werden.

Der energetische Aufbau eines magischen Egregors

Ein magischer Egregor ist aus den verschiedenartigsten Energien aufgebaut und zusammengesetzt. Die Mitglieder einer magischen Loge oder eines Ordens liefern die Energien, die den Egregor nähren und verdichten.

Die magische Energien-Fokussierung kann bis zur Kausalebene vordringen und dort bestimmte karmischen Ursachen schaffen. Vor allen Dingen wird mit astraler und mentaler Energie in den Logen gearbeitet. Bei stärkeren Aufladungen und Verdichtungen kommen auch ätherische Energien in Betracht. Die Ätherebene grenzt direkt an unsere physische Welt.

Wirkungen der Egregore

a) Egregore stabilisieren und dynamisieren den Logen- und Gruppenbereich.

b) Egregore inspirieren die Loge oder den Orden mit neuen Ideen und Vorstellungen.

c) Egregore verleihen der Loge einen magischen Influxus.

d) Egregore schützen die Loge nach Außen und Innen.

e) Egregore transzendieren ins Metamagisch-Gnostische.

f) Egregore führen zu einer transzendentalen Immanentisierung des Eschatons.

g) Egregoren realisieren Wünsche, Ziele und Vorstellungen.

h) Egregoren führen zu einer Magisierung der Welt

i) Egregoren vollführen und vollenden das Opus Magnum.

j) Egregoren kehren die weltliche Polung um.

k) Egregore können die Welt heilen.

l) Egregore können zu einer Vergeistigung der physischen Materie beitragen oder auch umgekehrt.

Wege zur magisch-dämonischen Einweihung

I. Der baphometische Weg

In diesem Kapitel will ich den Lesern Wege zur magisch-dämonischen Einweihung aufzeigen. Auch hierzu gibt es in der magischen Literatur nur wenige Hinweise. Als erste Möglichkeit, einen gangbaren Weg zur magisch-dämonischen Einweihung zu skizzieren, will ich auf den baphometischen Weg eingehen.

Wie schon der Name sagt, geht es hier um eine baphometische Einweihung. Baphomet stellt eine universale Form der gesamten Magie und Dämonologie dar. Er vereinigt in sich sowohl die „unteren" wie auch die „oberen" Kräfte. Baphomet symbolisiert den „alchemistischen Lebensbaum". Um den Weg Baphomets zu gehen, muß der Aspirant in die tiefsten Tiefen des alchemistischen Dämoniums eintauchen und dessen Kräfte beherrschen lernen. Der Kandidat muß durch die „unteren Wasser" gehen, um ins wahre baphometische Dämonium einzutreten. Das heißt er muß die unteren Ebenen von Malkuth durchlaufen, wo er mit den verschiedensten Wesen, Dämonen in direkte Verbindung gelangt.

Praxis

Der Kandidat sitzt in seinem gewohnten Asana und konzentriert sich auf das erste Chakra (Sexualchakra), dabei atmet er rhythmisch tief ein und aus, ca. neunmal. Nun fokussiert er seine Gedankenkräfte auf dieses Zentrum im Malkuthum mit dem Wunsch, mit Wesen dieser Ebene in Kontakt zu treten. Nach längerem Üben wird der Kandidat merken, daß sich Wesen in seiner Nähe befinden und energetische Strahlen aussenden.

Man muß unbedingt daran denken, in dieser Ebene halten sich nur Wesen oder Dämonen auf, welche ein niederes Niveau besitzen. Der Kandidat muß sich also mit einem geistigen Mantel umgeben,um nicht geistig-seelisch angegriffen zu werden.

Gedanklich tritt er nun mit diesen Wesen in telepathische Verbindung und kann diesen Fragen stellen, Wünsche äußern und dergleichen.

Diese Übung soll nicht länger als 10 Minuten dauern und ist täglich zu wiederholen, bis sich der gewünschte Erfolg einstellt. Je nach Ausstrahlung dieser Wesen, wird der Kandidat feststellen, ob es sich um positive oder negative Wesen oder Dämonen handelt. Auf diese Art und Weise können auch die Namen der Wesen, Dämonen, Sigille, Aufgabenbereich, Zeit, Räucherung und Anrufungsformeln erfahren werden. Vor der Anrufung hat sich der Kandidat mit einem magischen Kreis zu umgeben.

Exerzitium zur Anrufung eines dämonischen Wesens des Baphometums

1. Elektronisches Muster

Dunkelviolette Gitter und Spiralmuster umgeben den Evokationsraum.

2. Ziehen des magischen Kreises

Der Magus zieht einen Doppelkreis mit weißer Kreide auf dem Boden. In den Zwischenraum des Kreises werden folgende Sigille eingezeichnet:

3. Magische Räucherung

Stechapfel und Ambra werden miteinander vermischt und geräuchert.

4. Aufstellen der magischen Kerzen

Vier schwarze Kerzen werden in den Kreis positiioniert.

5. Das magische Gewand des Magus

Der Magus trägt einen schwarzen Logenmantel.

6. Das magische Schwert

Der Magus bedient sich als Befehlsmittel gegenüber Dämonen des elektro-magnetisch geladenen Schwertes.

7. Das Materialisationsdreieck

Das magische Dreieck befindet sich vor dem Kreis, in dem sich die dämonische Wesenheit materialisieren soll.

8. Die magische Anrufungsformel

HA GOLMURUM EF VIMGUM BO LOMUNAM DIR ZUNGOM LAMPOG ERSTANUM VIL ZIS DEUS PAMGUM DONUM VORSIT ALWASBUR KONGLUM VULNIM HA GOSDIG NIMVUR BUR CALISTOG.

9. Das magische Sigillum

(wird mit roter Tusche auf Pergamentpapier gezeichnet)

10. Annahme der Gottform

In magischer Trance nimmt der Magus die gewählte Gottform an. Er identifiziert sich mit den göttlichen Kräften.

11. Name des Dämons

URNUMIEL = Dämon der 1. Sphäre der „Unteren Wasser“.

12. Erscheinung des Dämons

Je nach Elementeverdichtung und Räucherung kann der Dämon sichtbar wie auch unsichtbar erscheinen.

13. Die Bitte, der Wunsch oder das Anliegen

Der Magus bringt nun seine Bitte oder Wunsch vor. Alles hängt vom Magus ab, ob der Dämon den Wunsch verwirklichen will oder nicht.

14. Entlassung des Dämons

„Ich Magus des Ordo Baphometis, entlasse Dich Urnumiel in Deine Welt und Sphäre. Kehre in Frieden in Dein Reich zurück. Ich danke Dir ! (Erst jetzt kann der Magus aus dem magischen Kreis treten.)

Durch diese dämonische Evokation kann der Magus von dieser Wesenheit viel Wissen über magische Wege und Einweihungen erfahren, denn dieser Dämon ist ein Genius für Initiationen und magisch-dämonische Einweihungen.

Durch Verbindung mit den jeweiligen Genien, Wesen und Intelligenzen kann der Magus mit den verschiedenartigsten magischen Wesen in Verbindung geraten. Eine baphometisch-dämonische Einweihung beginnt immer in der ersten Sphäre der „unteren Wasser". Allein diese erste Sphäre beherbergt 99 dämonische Wesen, wie ich bei meinen Forschungen feststellen konnte. Es sind Wesen mit den vielfältigsten Aufgaben, Kräften und Fähigkeiten, die der erfahrene Magus sich auch ebenfalls aneignen kann.

II. Der luziferische Weg

Dieser Einweihungsweg unterscheidet sich erheblich vom baphometischen Weg. „Luzifer“ bedeutet: der Lichtbringer. Um den „luziferischen Weg“ gehen zu können, muß sich der Magus mit dem luziferischen Influxus so tief wie möglich verbinden und zu einer Einheit verschmelzen. Dadurch werden sämtliche luziferischen Energien auf den Magus übertragen. Durch die permanente Verbindung und Verschmelzung mit diesen luziferischen Kräften und Energien kann der Magus direkt das Ideal zum Ausdruck bringen.

Mittels magischer Konzentration, Meditation, Kontemplation und SAMYAMA = ist die Konzentration aller drei Mittel auf einen Punkt, gelangt der Magus schließlich dahin, ein wahrer „Luzifer-Anbeter“ zu werden, und er hat es schließlich in der Hand diese dämonischen Kräfte nach Gutdünken zu handhaben. Es gibt auch eine „Luziferische Hierarchie“. Man siehe diesbezüglich auch die Materialien von Frater Daniel.

III. Der plutonische Weg

Ein wahrer Magus oder hermetischer Gnostiker, welcher nach den höchsten geistigen Erkenntnissen und großer Weisheit strebt, muß unbedingt den „plutonischen Einweihungs-Weg“ gegangen sein.

Der plutonische Weg ist neben dem baphometischen Weg der tiefgründigste und geheimnisvollste Weg, den es in unserer gegenwärtigen Weltenordnung gibt. Bisher wurde hierüber in der magischen Literatur nicht berichtet. Der Grund ist leicht ersichtlich, denn es gibt keine Magiere oder Gnostiker, die diesen Weg bisher absolviert oder erforscht habe, da sie keinen Zugang zu diesen Genien bekommen.

Es ist, dies darf hier nicht verschwiegen werden, auch einer der gefährlichsten Einweihungswege, welche das magisch-gnostische Einweihungswesen zu bieten hat.

Bei den magischen Evokationen mit den Pluto-Genien arbeitet der Magus mit einem dreifachen magischen Kreis, welcher aus einer dunkelvioletten Flamme besteht. Die dunkelviolette Flamme beschützt den Magus vor negativen Schwingungen und reinigt den Tempelraum. In die Kreiszwischenräume werden folgende Sigille und Zeichen eingemalt:

Stechapfel und Bilsenkraut, gekochtes Tierblut – zu gleichen Teilen vermischen.

Pluto-Genius UMOLUMAN

Aufgabengebiet: Umoluman ist ein Genius der ersten plutonischen Sphäre und Kristallisationsebene, welcher sich mit plutonischen Initiationen, insbesondere in seiner Sphäre beschäftigt. Magiere des Erdplaneten können und dürfen Umoluman nur evozieren, welche die Genien der Erdgürtelzone zu evozieren imstande sind.

Sigillum von Umoluman

Magische Evokations-Formel des Genius

(Diese plutonische Evokationsformel muß immer in der magischen Ursprache intoniert werden, will man erfolgreich diesen Genius evozieren.)

„Umorum de Vorlimustum pa logampas forbam cosimal mi goldum Kumpum comus Tombim Komgurzis cos pog malrom vor die yomgi Migolwor dimals qumgfol."

Das magische Materialisationsdreieck

Das magische Dreieck wird doppelt gezeichnet. In das Dreieck wird die plutonische Atmosphäre des Genius projiziert. Es handelt sich um eine gasförmig mit Blutfluiden gemischte Atmosphäre. Die Räucherung wird an die Spitze des Dreiecks gestellt.

Die magische Entlassung des Genius

„Ich Magus CIT, danke Dir für die Informationen und Hinweise, welche ich erhalten durfte. Kehre nun wieder in Dein Reich zurück. Ich danke Dir!"

(Jetzt erst darf man den magischen Kreis verlassen.)

Allein durch diese Evokation kann der Magus ungemein starke magisch-dämonische Kräfte erlangen, von denen sich ein Uneingeweihter keine Vorstellung machen kann. Dies ist ein wahrer Weg zur magisch-dämonischen Initiation, welcher alles andere übersteigt, was es diesbezüglich an magischen Einweihungen gegeben hat.

Eine dämono-magische Einweihung

In diesem Kapitel werde ich praktische Anleitungen zu einer dämono-magischen Einweihung geben. Leider besitzen nur wenige Menschen jene Sensibilität verbunden mit einer starken Animalität, die für den dämonischen Kreationsakt erforderlich wären. Somit will ich hier Hinweise und Übungen aufzeigen, die zum magisch-dämonischen Okkultum führen.

Praxis

Die folgenden Übungen sollen nur bei Nacht zwischen 23:00 und 2:00 Uhr ausgeführt werden, da diese dem Auftreten magischer Wirkungen viel günstiger sind, als der Tag. Auch die alten Mysterien des Kham-Kultus wurden stets zur Nachtzeit vollzogen. Bei Nacht d.h. auf der dem Monde zugekehrten Erdhalbkugel bewirken die vorherrschenden negativen Schwingungen, daß die Nerven erschlaffen und nur noch automatisch funktionieren; das Gehirn wird atrophiert, die Schwingungen des Nervenäthers in den Endneuronen hören ganz auf und Eindrücke von der physischen Außenwelt können daher nicht mehr auf den Sinnesäther der Seele und des Mentalkörpers übertragen werden und keine Empfindungen gelangen mehr von dort zum physischen Bewußtsein. Somit ist klar, daß die negative Natur der Nacht und des Mondes das Eintreten von archaisch-ekstatischen Zuständen begünstigt.

Der erste Phase ist die magisch-dämonische Trance. In diesem ersten magischen Zustand, negatives Malkuthum, findet eine Demayaisierung des sogenannten „normalen“ Seins statt. Dieses dialektische Sein muß eine Verlöschung, Verwesung oder Vernichtung erfahren, damit es sich zu einer neuen Wirklichkeit umformt.

Übung

An einem Abend ruhiger und gesammelter Stimmung löschen wir das Licht und stellen eine Kerze irgendwo auf, aber so abgeblendet, daß uns ihr direkter Strahl nicht trifft. Wir gehen im Zimmer auf und ab und holen tief Atem. Der ganze Körper muß sehr entspannt gehalten werden, die Arme an den Seiten herabhängend und etwas mit den Handflächen nach hinten gewendet, als wollte man die Luft von sich wegschieben. Der Kopf ist leicht erhoben, wie beim Trinken.

Man wird bald wahrnehmen, daß uns ein tiefes Ruhegefühl ergreift, das allmählich einen betäubungsartigen Charakter annimmt. Leicht narkotische Räucherungen sind hierbei sehr zu empfehlen. Alle Sorgen sollen auf das schärfste zurückgedrängt werden. Abstraktes Reflektieren ist zu vermeiden.

Nun schnüren wir in sanfter Form mehr und mehr den Gedanken die Luft ab, so daß jegliche Vorstellung ausgeschaltet wird. Es soll ein Zustand völliger Leere erreicht werden. Wir streichen nun leicht mit der rechten Hand vom Kopf nach den Füßen herunter, während die linke Hand am Hinterkopf aufliegt. Wir lassen dann die Hände wieder sinken und warten, was der Körper von sich heraus vornimmt.

Wir werden die Erfahrung machen, daß unsere Glieder sich von selbst in unbestimmter tastender Weise zu bewegen beginnen und in gewissen, oft schwer zu findenden Stellungen verharren. Dies ist das erste Stadium der mago-dämonischen Konzentrations-Pose. Auch Kehlkopf und Zunge werden sich zu bewegen beginnen und undeutliche Silben formen.

Der Atem soll rhythmisch und dynamisch fließen. Die Augen sind geschlossen und man denkt das magische Mantram: URUM. Durch das unbewußte Denken dieses magischen Mantrams werden die mago-dämonischen Kräfte aus dem Malkuthum des negativen Lebensbaums mobilisiert und in den magischen Körper des Individuums transponiert.

Man soll sich auf keinen Fall verkrampfen, sondern alles muß frei fließen. Pantha Rei! Der demayaische Zustand soll so lange wie möglich aufrecht erhalten werden. Denn in diesem Zustand sinkt unser Vorstellungsleben zurück in den „status nascendi", den energetischen Ur-Zustand.

Diese erste Phase der mago-dämonischen Trance wurde ehemals direkt mit dem Tode verglichen. R. Reitzenstein schreibt: „In ein Grab mußte der Myste hinabsteigen." J.W. Hauer führt aus: „Der Todesgott steht in engster Beziehung zur Weihe; denn er ist es ja, der den Scheintoten aufnimmt und in die andere Welt einführt. Yama zieht sozusagen die Leibeshülle im Scheintode der Weihe auf ..."

Die zweite Phase der mago-dämonischen Trance leitet über zur astral-ätherischen Verdichtung magisch-energetisch-kinetischer Elementarkräfte. Es ist dies der Prozeß der Verdichtung.

Übung

Wir legen uns nieder und versuchen – immer noch bei geschlossenen Augen – die Vorstellung in uns zu erzeugen, als erwachten wir in den Tiefen des dämonischen Malkuthum. Hier beginnt die mago-dämonische Entwicklung des Novizen. Das magisch-negative Malkuthum eröffnet dem angehenden Adepten Dimensionen von magischen Ebenen und Hierarchien, die nur ein Magus mit einem baphometischen Bewußtsein verstehen kann. Sofern der Novize die nötige Veranlagung hat und der magische Trance-Zustand, d.h. der erste Verlöschungszustand erreicht ist, wird sich das Vorstellungsleben rasch entzünden. Ganz von selbst werden sich Gestalten um uns her verdichten, und auch uns selbst werden wir vielleicht in einer übermenschlichen oder vormenschlichen Erscheinung wahrnehmen. Diese Erscheinungen oder Verdichtungen sind Projektionen ganz bestimmter astral-ätherischer Konfigurationen. Es sind Bildwerdungen der in uns latenten kosmischen Energien. Durch diese Bildwerdungen und astral-ätherischen Konfigurationen können mentale Informationen auf den Magus oder Novizen übertragen werden. Die Seele, d.h. der Blickpunkt des Bewußtseins wandert sozusagen durch die verschiedenen Struktur-Stadien dieses kosmisch-universalen Malkuthum.

Der Baphometist ist in diesem Stadium fähig, auf imagospurischem Weg die verschiedenartigsten Denkmodelle und Wissensmodalitäten in die irdische Welt zu überführen und nutzbar zu machen. Der Gesamtcharakter während dieser Phase der magischen Versenkung ins malkuthische Universum ist oft verwirrend und grauenerregend. Deshalb wird dieser Zustand als „Hinabsteigen in die Hölle" bezeichnet. Der Myste wird begraben und erwacht in der Hölle oder Unterwelt, d.h. der Vorwelt.

Das Böse ist das Dunkel-Gewalttätige, Irrationale, Vernichtend-Schöpferische, das ewig unfaßbar, unvertraut und deshalb grauenvoll erscheint. Es ist das Prinzip Satans. Das Böse ist nichts anderes als der Urgrund zur wahren Existenz und in der Tat nur die höhere Potenz des in der Natur wirkenden Grundes.

Die Evokation der dämonischen Wesenheit Lilith

Das elektro-baphometische Muster

Der magische Tempel ist in schwarzviolettes Licht gehüllt. Aus dem Zentrum strahlt ein dunkelrotes Licht. Diese dunkelrote Mikro-Strahlung präzipitiert gleichzeitig unendlich viele Mini-Liliths, welche den gesamten Planeten in ihre erotische Aura einhüllen und durchtränken. Meditation: Fünf Minuten.

Sigillum der Lilith

Annahme der Form einer Göttin

Der Baphometist versetzt sich in die bapho-gnostische Trance: in den Tiefenpunkt seines Körpers (Solarplexus). Aus dem Akasha seines Körpers heraus versucht der Baphometist die Form einer „Supra-Göttin" aus dem Lilith-Kontinuum anzunehmen. Diese supra-immanente Göttin strahlt permanent ihre unwiderstehliche sexuell-erotische Strahlung in den Malkuthischen Bereich. Sie hat ihren Wohnsitz in Yesod.

Die mago-gnostische Operation per vas nefandum

Für die sichtbare Evokation ist ein Medium erforderlich. Die Supra-Göttin aus dem Lilith-Yesod-Bereich benötigt für ihre Sichtbarmachung immer den Stoff der niederen Oktave. Mittels des „per vas nefandum" wird die astral-erotische Essenz nach außen in das magische Materialisations-Dreieck projiziert, wo sich die Göttin durch den niederen Astralstoff sichtbar machen kann. Der Baphometist selbst befindet sich in einem magischen Kreis, der von einer violetten Flamme umgeben ist und keine Störungen zuläßt. Die „per vas nefandum-Formel" (pvn) kommt nur bei sehr stark sexuell-magischen Operationen in Betracht. Durch die pvn-Formel wird ein geheimes Tor in die sexuell-astrale Welt oder ins Lilith-Kontinuum geöffnet. Die pvn-Formel ist eine Methode, wodurch die Türen zur erotischen Dämonie und der niederen Sexualmagie geöffnet werden.

Die Präparation des Projektions-Elixiers

Durch die „Climax-Exstais-Chromosomierung“ entsteht ein dipolarer Fusionsprozeß auf sexuell-magischen und der gnostisch-alchemistischen Ebene. Mittels der pvn-Formel wird das Lilith'sche Projektions-Elixier ermittelt und physikalisch zubereitet. Sobald dieses Elixier den Reifegrad, bzw. die nocturale Dichte im Kylkhor erreicht hat, kann die Sichtbarkeit eingeleitet werden.

Die Sakrifizierung des Lilith-Elixiers

In einer „Baph-Lade“ wird dieses geheime Elixier auf dem Altar der Göttin dargebracht. Ein kleiner Tropfen dieser im „Elektromagnetischen Ladungs-Akku“ aufbewahrten Essenz genügt, um eine sichtbare Evokation von Wesen aus dem sexuell-gnostischen Kontinuum zu evozieren. Der Magus erteilt dieser „Lilith-Essenz“ den dreifachen gnostischen Segen, indem er das Pentagramm dreimal über die Essenz mit der rechten Hand zieht.

Danksagung

Ich, Frater CIT, bedanke mich, daß du hohe Göttin aus dem geheimen sexo-gnostisch-baphometischen Kontinuum mir hier sichtbar erschienen bist. Kehre in dein Reich zurück, ohne Störungen zu hinterlassen. So sei es!

Die bapho-gnostische Theorie des Samenbildung

Das bapho-gnostische Sperma hat seinen heiligen Ursprung in den kausal-ätherischen Ebenen, wo sich in einem Baph-Taber-nakel ein magischer Kylkhor in einer egregorischen Substanz befindet und in seiner heiligen Unberührbarkeit um einen goldenen Ursprungspunkt rotiert. Im Zentrum des goldenen Ur-sprungs befindet sich das unteilbare Teilchen: ein „Baphom“. Das „Baphom“ ist ein Teilchen der höchsten Gottheit (Mutter/ Vater). Es enthält die gesamte Macht und Allwissenheit der Gottheit. Es strahlt in seiner Ursprünglichkeit eine vierpolare magische Radioaktivität aus.

Durch den Ursprung (Baphom) beginnt sich sukzessive ein unsichtbarer Sperma-Punkt zu bilden. Für die Spermienbildung sind spezielle Elohim verantwortlich. Denn dies ist ein äußerst komplizierter magischer Vorgang.

Wichtig ist die spermadoiale Substanzbildung. Auf die mikromolekulare Zusammensetzung kommt es an, welche für die weitere Zeugung von Leben wichtig ist. Die magischen Ursachen zur Substanzbildung werden bereits in der Kausalebene gelegt. Die magischen Spermienbildner und –Erschaffer, die Elohim werden von Gott Spermatos persönlich ausgewählt.

Jedes Spermatozoon vibriert in einer besonderen Frequenz, die bereits in der Kausalebene einprogrammiert werden. Die spezielle Vibrationsfrequenz ist für die Qualität des zu zeugenden Lebens verantwortlich.

Jeder Person auf Erden werden nur eine gewissen Anzahl von Spermen zur Verfügung gestellt. Es existiert sogar eine „Sperma-Hierarchie“, welche genau sämtliche Vorgänge bezüglich der Spermenbildung und auch wie das Sperma von den einzelnen Menschen benutzt oder vergeudet wird, registriert.

Das Sperma, auch Ojas genannt, kann auch in große geistige Kräfte sublimiert werden durch verschiedene mago-gnostische oder Yoga-Techniken.

Der Mensch bildet automatisch sein Sperma in den Keimdrüsen. Diese sind auch für die Quantität von Sperma verantwortlich. Dies bezeichnet man auch als „Enzephalogenese". Unbegrenzt kann ein Mensch niemals enzephalogenetisch Sperma produzieren. Die Spermabegrenzung ist kausal-ätherisch vorherbestimmt. Es sei denn, der Mensch erfährt eine magisch-gnostische Umwandlung in seiner tetragrammatonischen Körpernatur, also eine fortgeschrittene Vergeistigung, dann wäre er fähig, die Spermaproduktion beliebig hinauszuziehen.

Ritus zur Materialisation des Urdämoniums

Das bapho-spermatoiale Muster

Eine Unzahl konkav-konvex geformter magischer Spermen erfüllen den baphometischen Tempelraum. Sie strahlen ein spermatoiales Licht aus, welches sich spiralförmig um den Tempelraum bewegt.

Der bapho-hermetische Tempel

Der Tempel ist ganz in rot ausgeschlagen. Der Altar in schwarz gehüllt. Auf dem Altar befinden sich in der Mitte ein Phallus aus Silber. Links und rechts auf dem Altar sind zwei schwarze Kerzen. Vor dem Phallus befindet sich ein Kelch mit Rotwein. Links davon ein Hostienteller mit Hostien. Im Hintergrund an der Wand befindet sich das gestürzte Pentagramm in roter Farbe.

Die magische Räucherung

Stechapfel und Bilsenkraut in Verbindung mit einer Strontiumflamme (auch hier wieder die Warnung, daß es sich um giftige, narkotische Mittel handelt und eine Anwendung dringend unterlassen werden sollte; der Verlag).

Der magische Kreis

Der Baphometist bildet einen dreifachen Kreis, der aus baphometischen Antiphotonen besteht.

Das magische Materialisationsdreieck

Auf den drei Spitzen des Dreiecks befinden sich drei schwarze Kerzen. Das Räuchergefäß befindet sich an der Spitze des Dreiecks.

Der magisch-hermetische Ritus

Baphometist: (Macht das magische Sigillum des Urdämoiums)

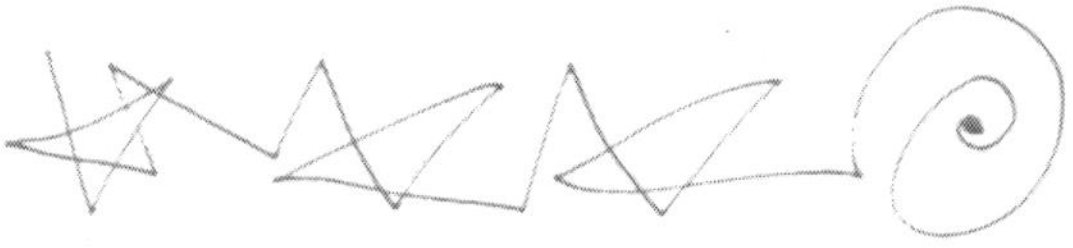

„Introibo ad altare Die nostri Spermati“.

(Der Baphometist segnet die vier Himmelsrichtungen und verneigt sich dabei.)

Baphometist: (Der Baphometist beatmet dreimal den magischen Phallus. Nun imaginiert er sich in schwarz-violettes Licht gehüllt und in Malkuth stehend.)

Rufung des dämonischen Schatten

Baphometist: „Du, hochheiliger dämonischer Schatten aus dem hermetischen Gotom, trete heraus und manifestiere Dich durch mich und erleuchte mich in meinem mikrokosmischen Bewußtsein, um das Opus Baphometicum zur Zufriedenheit der Spermatoialen Hierarchie zu vollenden!“

Akt der masturbatio vel ars congressus cum Demones

Magische Climax

Baphometist: (Bei der Ekstasis das Zeichen Spermatus ziehend und sich das Elixier in silberner Farbe vorstellend.

Baphometist: „Gib mir Dein Elixier, Du Phallus, Du Sonne! Spermatus, Du Auge, Du Begierde, Du selbstbewirkter, selbstbestimmter, erhabener Höchster!“

(Das Elixier wird in einer kleinen Schüssel aufgefangen und auf den Altar gestellt.)

Consecratio Semenis

Baphometist: „In nomine Dei nostri Spermati, ich Baphometist des höchsten geheimen Sanctum in Spermatozoon, Beherrscher der lunaren und solaren Energien und kristallinen Matrizen, segne diese kostbare und hochheilige Lebensessenz, die im Athanator von Malkuth sich befindet.

(Der Baphometist hält segnend seine beiden Hände über diese Lebensessenz und hebt dann diese Substanz zum Egregor von Spermatus, der seinerseits den astraldämonischen Segen erteilt).

Evozierung des Urdämoniums

Baphometist: (Der Baphometist versetzt sich imaginativ in den magischen Trancezustand.)

„Aus der urkosmischen Tiefe des Abyssos im Malkuthum, rufe ich Dich aus dem hermetisch-baphotoyischen Spermatozoon hervor, Du spermal-magisches Urdämonium, sich hier im Materialistaionsdreieck sichtbar zu machen. Ich danke Dir!“

Magisch-baphometische Inkantation

Baphometist: SPERMATOZOON - GOLOM – BAPHOM – EGREGORUM – URMOZOON – SPERMAZOOM – MOROZOOM – BAPHOY – BAPHOY.

Annahme einer dämonischen Gottform

Baphometist: (Im Tiefenpunkt seines Körpers ruft der Bapohmetist eine astral-dämonische Wesenheit an und identifiziert sich mit ihr in all ihren Machtvollkommenheiten, um den wahren dämonischen Influxus zu spüren und wahrzunehmen.)

Dämonisch-spermale Eucharistie

Baphometist: (Auf die Hostie werden einige Tropfen Sperma gegeben.)

Baphometist: „Dies ist das wahre Fleisch, welches ich empfange!“

(In den Kelch mit Rotwein werden einige Tropfen Sperma gegeben.)

„Dies ist das wahre Blut, welches ich empfange!“

Conclusio

Baphometist: „Ich bete Dich an! Ich liebe Dich ! Ich verehre Dich! Ich danke Dir, Gott Spermatus, daß Du hier in diesem heiligen Tempelraum erschienen bist, und mir gedient hast. Kehre nun wieder in Dein Reich zurück, bis ich Dich wieder rufe. Ich danke Dir!“

Die Baphomet-Evokation nach FOGC

... Der Magus legte jetzt sein Schwert in dem Kreis auf die Erde und stellte seinen linken Fuß darauf. Mit der rechten Hand hob er den magischen Stab und beschrieb damit in der Luft das Siegel der Dunkelheit, das vereinbarte Zeichen zur Beschwörung des Herrschers der Dämonen. Kaum hatte er das Siegel ausgeführt, als dem Erdboden ein gleißender Strahl entstieg, der den ganzen Raum erhellte.

... Kein gewöhnlicher Sterblicher hätte dieser furchtbaren Spannung standhalten können, und nur sein Pakt schützte diesen Menschen vor der sofortigen Vernichtung. Im magischen Dreieck vor dem Kreis verdichtete sich jetzt eine sonderbare Gestalt. Der Kopf eines Ziegenbockes mit Hörnern und ein behaarter menschlicher Körper mit Brüsten kam zum Vorschein. Die Hände wiesen eigenartig geformte krallenähnliche Finger auf, die Füße hatten Hufe und erinnerten an einen Stier. Ein langer, dicker Schweif vervollständigte die Gestalt. ... Das war er also, Baphomet, der Herrscher der Dämonen ...

Soweit die Beschreibung einer Beschwörung des Baphomet durch einen Magier der sagenumwobenen FOGC-Loge. Wer sich näher für die obige Schilderung interessiert, sei auf das Buch „Frabato“ von Franz Bardon, erschienen im Verlag Dieter Rüggeberg, Wuppertal verwiesen.

Der FOGC, jener schwarz-magische Freimaurer Orden des Goldenen Centuriums, stand unter dem Schutz eines mächtigen Logenegregors. Dieser Egregor wurde neben den 99 regulären Mitgliedern als 100. Mitglied in der Loge geführt und zusätzlich zu den Dämonen Belphegor und Asmodi verehrt.

Herstellung einer magischen Sigillenmaschine

Die magische Sigillenmaschine (Machina Baphometa) erzeugt einen gewobbelten Influxus der über eine geeignete Antenne abgestrahlt und erdend chthonisiert wird. Der Influxus wird über geeignete Sigille programmiert. Der Influxus wird in seiner Frequenz durch einen Generator gesteuert. Es können wahlweise verschiedene Frequenzen gefahren werden, die auf der Grundlage der Zahlen 70, 26, 15, 5, 3 resultieren.

Die Maschine selbst erzeugt elektro-magnetische Impulse und baut ein Feld auf, das vierdimensional betrachtet werden kann. Der Vektor Zeit und die räumliche Ausdehnung wird durch die Frequenz des Steuergenerators und der vorgeschriebenen Spannung bestimmt. Bei der Versuchsanordnung wird an die Primärspule eine Spannung von 26 V angelegt. Der Zusammenhang Stärke des Influxus und Spannung ist proportional. Die Primärspule hat 666 Windungen. Durchmesser der Spule 3 cm, der Drahtdurchmesser 1 mm. Sekundärspule 26 Windungen, Spulendurchmesser 3 cm, Drahtdurchmesser 2,6 mm. Als Spulkern wird ein Stahlstab verwendet mit einem Durchmesser von 3 cm.

Die Versuchsanlage hat eine elektrische Leitung von 78 Watt! Als Antenne kann ein Kupferschwamm verwendet werden oder eine auf der Zahl 70, 26, 15, 5, 3 resultierende Antennenlänge. Es können auch Parabol-Antennen verwendet werden. Der Influxus kann auch direkt in ein Medium geleitet werden. Um den Influxus zu chthonisieren, wird die Sekundärspule geerdet.

Die Maschine sollte ritualmäßig unter dem Zeichen Baphomet's eingebunden werden. Siehe die nachfolgende Skizze. So kann die Maschine unter den vier Elementen und Prinzipien laufen. Vorsicht Lebensgefahr! Denn mit der Maschine ist eine materielle Grundlage für den dämonischen Influxus gegeben.

Mit einem Kompass wird die räumliche Orientierung der Maschine überprüft. Die Maschine muß durch ein baphometisches Ritual zur Auslösung des Influxus initiiert werden, sonst wird nur ein Magnetfeld erzeugt. Die Wirkung: Induzierung des Influxus auf umliegende Materie und strukturelle Umorientierung im Raum, so daß die Maschine eine Funktion einer Bezugsbasis einnimmt. Die Zeit wird durch die vorgegeben Frequenz gestreckt. Anti-proportionaler Zusammenhang!

Magnetische Datenträger müssen aus dem Umfeld der Maschine entfernt werden, sonst droht Datenverlust! Wenn die Maschine konstruiert und langfristig in Betrieb ist, kann sie ins Astrale versetzt werden.

Empfehlenswert ist die Maschine bei abnehmendem Mond, nachts zu starten. Es ist offensichtlich, je größer die Maschine dimensioniert ist, um so größere Wirkungen sind zu erwarten. So könnte man sehr große Wirkungen erzeugen, wenn die Maschine mit 333 V oder 666 V gefahren wird. Primär- und Sekundärspule müssen dann natürlich entsprechend dimensioniert werden.

Konstruktionszeichnung der Sigillenmaschine

Versuchsschaltung

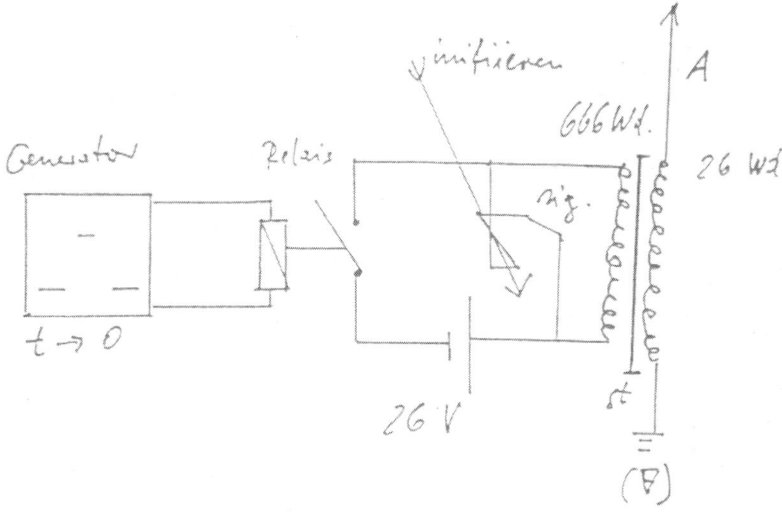

sig = Sigill - st = Stahlstab - Wd = Windungen
t = Zeit - A = Ampere

Im Norden wird ein umgekehrtes Pentagramm in schwarz plaziert. An der unteren Spitze wird der Name „Lilith“ eingezeichnet.

Im Osten wird ein umgekehrtes Pentagramm in gelb plaziert. An der unteren Spitze wird der Name „Luzifer“ eingezeichnet.

Im Süden wird ein umgekehrtes Pentagramm in rot plaziert. An der unteren Spitze wird der Name „Satan“ eingezeichnet.

Im Westen wird ein umgekehrtes Pentagramm in blau plaziert. An der unteren Spitze wird der Name „Baphomet“ eingezeichnet.

Fremdworterklärungen

Astral	feinstofflich; seelisch.
Aziluth	nach d. Kabbalah die Urheimat des Menschen.
Chthonisch	Götter der Unterwelt.
Chochmah	2. Sephiroth; Weisheit.
Demayaisch	Auflösung der Illusion.
Elohim	Engel, Götter, Planetengeister.
Evokation	Anrufung, Beschwörung von Wesenheiten.
Influxus	Ausstrahlung.
Kabbala	die jüdische Geheimlehre.
Kausalebene	die Ebene der Ursachen.
Kylkhor	alchemistisches Gefäß.
Lebensbaum	Kabbalistischer Baum der 10 Sephirot.
Magus	eingeweihter, wissender Magier.
Malkuthum	10. Sephirot; Erdspähre.
Manas	der Kausalkörper des Menschen.
Mantram	Spruchformel die konzentriert gedacht wird.
Mental	Verstand, geistig, Geistesebene.
Myste	Schüler der Mysterien.
Noctural	nächtlich, dunkel.
Novize	Schüler der Magie und der Mysterien.
Präzipition	Ausfällung, Bodensatz.
Sephiroth	die 10 Sephiroth sind die Emanationen der Gottheit und bilden zusammen den himmlischen Menschen.
Sigill	Siegel einer feinstofflichen Wesenheit.
Talmud	Sammlung rabbinischer Kommentare.
Trance	Aufhebung des Willens über den Körper.
Yesod	9. Sephiroth; maskuline Kraft, Fundament.

Literaturverzeichnis

Bardon, Franz: Frabato. Freiburg 1958.
Bloch, Chajim: Der Prager Golem. Berlin 1921.
Held, Hans Ludwig: Das Gespenst des Golem. München 1921.
Wendell, Leilah: The Necromantic Ritual Book. New Orleans 1995.
Wiesel, Elie: Das Geheimnis des Golem. Freiburg 1985.

Der Autor

Walter Jantschik, Jahrgang 1939 – Abitur – Studien in Psycholgoe, Philosophie, Theologie, Soziologie, Parapsychologie und Mathematik.

Schriftstellerische Arbeiten

Spezialisiert auf gnostische Sexualmagie, Theurgie, magische Evokations- und Sphärenmagie.

Veröffentlichungen

Aythos: Die Fraternitas Saturni - eine saturn-magische Loge, München 1979.
Jantschik, Walter: Der Ordo Baphometis, Frankfurt 1988.
Jantschik, Walter: Die schwarze Messe, Suhl 1999.
Jantschik, Walter: Die magische Evokation der 99 Transwesen im Baphoemtum, Frankfurt 2000.

In Vorbereitung

Bapho-magische Forschungen
Prodrom des baphometischen Paradigmas
Ritus der roten Verfärbung
Das Baph-Grimoire

Magische Einweihung

Gregor A. Gregorius

Das Gesamtgebiet der Magie umfasst viele tausend Bücher aus verschiedenen Jahrhunderten. Wie soll man sich nun diesem unüberschaubaren Gebiet nähern, ohne den Überblick zu verlieren? Der Autor, einer der letzten Wissenden, hat ein zeitloses Werk über die Magie und die magische Einweihung geschaffen.

Neuauflage 2018, 96 Seiten, Kartoniert
ISBN: 978-3-932928-37-6 **13,00 €**

Die Praxis der Spiegelmagie

Holger Dreyer

Der Autor hat die Geheimnisse der Spiegelmagie erforscht und unglaubliche Ergebnisse erzielt. Dreyer beschreibt den Kontakt mit Astralwesen, Geistern und Dämonen, die nicht nur im Spiegel erschienen, sondern auch außerhalb des Spiegels manifest wurden.

2001. 88 Seiten mit Abbildungen, Kartoniert
ISBN: 978-3-932928-16-1 **13,90 €**

Die magische Erweckung der Chakra

Gregor A. Gregorius

Über die Aktivierung der magischen Kraftzentren (Chakra) im menschlichen Körper.

Gregorius war von 1950 bis 1964 Großmeister der legendären Geheimloge Fraternitas Saturni.

2005. 46 Seiten mit Abbildungen, Kartoniert
ISBN: 978-3-932928-30-7 **8,00 €**

Geheime magische Praktiken

Rah-Omir Quintscher

Die sorgsam gehüteten und praktizierten Geheimnisse magischer Logen. Als der Verleger auf das Manuskript einer alten magischen Schrift, angeblich aus dem Besitz einer geheimnisumwitterten FOGC-Loge, stieß, war er über die Qualität und klaren Aussagen der beschriebenen Praktiken sehr überrascht.

2007. 80 Seiten, Kartoniert

ISBN: 978-3-932928-35-2 **13,00 €**

Lehrbuch des magischen Denkens

Karl Weinfurter

Weinfurter legt in seinen Büchern die praktischen Kernpunkte des mystischen Weges offen. Kernsatz seiner Lehre ist: dass nur wer praktisch übt, erleben und somit wirklich verstehen kann, was andere, echte Mystiker darzustellen versuchten.

2004. 110 Seiten, Kartoniert

ISBN: 978-3-932928-27-7 **13,90 €**

Rückkehr nach Aziluth

Waltharius

Mystische Gedichte zur Meditation und Kontemplation von Waltharius, dem letzten echten Rosenkreuzer und Lehrer der Buchstabenübungen. Neusatz der sehr seltenen Originalausgabe.

2007. 59 Seiten, Kartoniert

ISBN: 978-3-932928-33-8 **12,00 €**

Die geheimen Übungen der türkischen Freimaurer

Rudolf Freiherr von Sebottendorf

Der Klassiker von von Rudolf Freiherr von Sebottendorf. Eine Darstellung der geheimen und hochwirksamen Lehren, Übungen und Rituale der orientalischen Freimaurer. Diese Übungen stellen ein berüchtigtes, altüberliefertes und zugleich höchst effizientes System der magischen Laut- und Grifftechnik dar. Lange Zeit war dieses bedeutende Werk vergriffen.

80 Seiten, Kartoniert.
ISBN: 978-3-932928-12-3 **12,90 €**

Der Heilmagnetismus

Karl Brandler-Pracht

Der Autor Karl Brandler-Pracht gibt hier seinen Erfahrungsschatz über die Anwendung des Heilmagnetismus, sowie dessen Verbindung mit okkulten Kräften preis.

2007. 94 Seiten mit Abbildungen, Kartoniert
ISBN: 978-3-932928-41-3 **13,00 €**

Exorial

Gregor A. Gregorius

Neuauflage des legendären Kultbuches. Dem Leser öffnen sich tiefe Geheimnisse magischer Disziplinen. Ungeheuerliche Praktiken und verborgenes Logenwissen machen Exorial zu einer unerlässlichen Bereicherung für jeden, der an einem ernsthaften Studium der magischen Künste interessiert ist.

2006. 244 Seiten mit Abbildungen, Kartoniert
ISBN: 978-3-932928-31-4 **24,95 €**

Geheimnisse der Sexualmagie

Gregor A. Gregorius

Die stärksten Kräfte des Menschen in der Magie. Gregorius, Inhaber und Lehrer des Gradus Pentalphae, des geheimen 18. sexualmagischen Grades der Fraternitas Saturni, zeigt hier die Geheimnisse der Sexualmagie.

2007. 96 Seiten mit Abbildungen, Kartoniert
ISBN: 978-3-932928-36-9 **13,00 €**

Logenschulvorträge

Gregor A. Gregorius

Die Logenschulvorträge wurden von Gregor A. Gregorius und anderen in Berlin im Vorhof der"Fraternitas Saturni"gehalten und erfreuten sich großer Beliebtheit. Endlich wird dieses Kleinod der magischen Literatur wieder zugänglich gemacht.

2006. 168 Seiten mit Abbildungen, Kartoniert
ISBN: 978-3-932928-32-1 **19,95 €**

Runenmagie

Karl Spiesberger

Das Standardwerk der Runenmagie von Karl Spiesberger.

Aus dem Inhalt: Runenkunde, Runenpraxis, Runenmagie, Runenmystik, Runenmantik

160 Seiten, Kartoniert
ISBN: 978-3-932928-43-7 **18,00 €**

Sympathiemagie und Zaubermedizin

Atkinson-Scarter

Magische Heilverfahren, Sympathiemagie und das magische Besprechen werden in diesem Buch ausführlich behandelt. Da die Heilmethode aus dem Mittelalter datiert, und heute nach schulwissenschaftlichem Standart fragwürdig ist, ist bei möglicher Anwendung Vorsicht geboten.

2009. 134 Seiten, Kartoniert

ISBN: 978-3-932928-47-5 **16,90 €**

Die Pflanze im Zauberglauben

G.W. Gessmann

Lange Zeit war dieser vielgerühmte Klassiker über die magische Zauberbotanik vergriffen und antiquarisch sehr gesucht. Wir freuen uns, Ihnen dieses außergewöhliche Werk wieder zugänglich machen zu können.

Neuauflage 2018. 252 Seiten mit Abbildung, Kartoniert

ISBN: 978-3-932928-21-5 **18,00 €**

Die Macht der Spiegel

Para Maya

Das Spiegel geheimnisvolle Kräfte besitzen ist von alters her bekannt. Magische Spiegel dienten zur Konzentration und Meditation, zum Hellsehen, zur Heilbehandlung sowie zur Beeinflussung anderer Personen. Dieses Buch zeigt die unergründlichen Kräfte der Spiegel und die Praxis der Spiegelmagie.

2010. 60 Seiten mit Abbildungen, Kartoniert

ISBN: 978-3-932928-42-0 **9,90 €**